Norbert Schmidt

Rheinland

Radeln für die Seele auf Pilgerwegen

Droste Verlag

ALLE TOUREN AUF EINEN BLICK

**„Die Welt ist ein Buch.
Wer nie reist,
sieht nur eine Seite davon.“**

(Augustinus Aurelius, 354–430,
Bischof von Hippo, Philosoph, Kirchenvater und Heiliger)

Liebe Radelfreunde und Entspannungssuchende,

es gibt im Rheinland zahlreiche Möglichkeiten, Pilgerstätten und historische Wegeverläufe kennenzulernen. Anhand von sechs ausgewählten Pilgerrouten mit insgesamt 15 Etappen können Sie das Rheinland und sich selbst erfahren.

In der Region Niederrhein radelt man entlang der charakteristischen Altarme, in der Eifel mit ihren historischen Römerwegen entlang von Bergrücken durch dichte Wälder oder entlang idyllischer Flusstäler. Ebenso erlebnisreich präsentiert sich das Bergische Land. Aufgrund seiner zentralen Lage innerhalb Europas führen hier besonders viele alte Handels- und Pilgerwege entlang. Spektakuläres Panorama entschädigt für die vorherigen Bergwertungen, die mit einem E-Bike jedoch problemlos zu schaffen sind.

Auch das Klerikale kommt nicht zu kurz: Auf dem Weg liegen nicht nur der Kölner oder Bergische Dom, sondern vor allem kleine, eher unscheinbare Kapellen, Bildstöcke und Wegekreuze.

Sämtliche Touren verlaufen meist abseits verkehrsreicher Straßen, oft entlang von Flüssen, Höhenwegen oder auf ehemaligen Bahntrassen – in jedem Fall ist bereits der Weg das Ziel und der Wohlfühlfaktor hoch! Aufgrund der Verkehrssituation und der topografischen Lage wird abschnittsweise vom Originalverlauf der Pilgerrouten abgewichen. Die An- und Abreise mit der Bahn empfiehlt sich grundsätzlich für alle Touren. Wo die Anbindung umständlich ist (Tour 1, 2, 4, 5, 7 und 14), sollten mehrere Etappen kombiniert werden, dafür werden Übernachtungsmöglichkeiten genannt.

Viel Freude beim Radeln für die Seele wünscht

Ihr Norbert Schmidt

NATUR-INFO

KULTUR-INFO

TOUREN-/EVENT-INFO

GENUSS-INFO

Jakobsmuschel

Pilgerweg Wuppertal–Aachen

(Fortsetzung des westfälischen
Jakobswegs Osnabrück–Wuppertal)
185 Kilometer, drei Etappen

Dieser Weg ist eine Fortsetzung des aus Westfalen kommenden Handelsweges. Er verband seit dem frühen Mittelalter Nordeuropa mit den Mittelmeerstaaten. Auch durch das heutige Rheinland wanderten schon vor Jahrhunderten viele der Pilger, die aus dem Norden oder Osten kamen. Rund ein Dutzend historischer Wege wurde mittlerweile rekonstruiert. So ist dieser Pilgerweg die Fortsetzung der Via Baltica, die von der Ostseeinsel Usedom durch Norddeutschland verläuft und die baltischen Länder mit Spanien verbindet. Im rheinischen Abschnitt verläuft der Weg von Beyenburg (Klosterkirche St. Maria Magdalena) über Altenberg (Bergischer Dom) und Köln (Dom) nach Aachen (Kaiserpfalz mit Dom).

* 50 Kilometer
* 521 Höhenmeter
* 4,5 Stunden
* Strecke

Altstadt in Remscheid-Lennep

Klöster & Fachwerk

Unterwegs im Bergischen Land

Start unserer Etappe ist am **Bahnhof Wuppertal-Oberbarmen.** Wir überqueren den Bahnhofsplatz hin zur Fußgängerbrücke, über diese erreichen wir die Waldecker Straße, auf die wir rechts einbiegen. Nach wenigen Metern biegen wir links An der Bleiche ein, an der Ampel wieder links. Mit der kommenden Ampel orientieren wir uns mithilfe der Radwegweisung geradeaus weiter, überqueren die Wupper und radeln in der Folge rechts entlang der Landstraße. Meist leer stehende Fabrikhallen und nicht mehr rauchende Schornsteine begleiten unseren Weg entlang des seinerzeit fleißigsten Flusses Deutschlands, der Wupper, flussaufwärts. In Höhe der Bushaltestelle bei **Kemna** fahren wir rechts über die Wupper, dahinter links, folgen dem Verlauf des Hauptwanderweges zunächst zweimal links, in Höhe der ersten Häuser scharf rechts. Wir überqueren ein Bahngleis und fahren über einen Waldweg leicht bergan nach **Beyenburg.** Am Wegende stoßen wir auf eine Landstraße, die wir rechts versetzt queren und die uns in der Folge bis in die Mitte des historischen Ortskerns von **Alt-Beyenburg** führt, das auf einem von der Wupper umflossenen Bergsporn liegt. Es wird geprägt durch die imposante Kulisse der bergischen Fachwerkhäuser rund um den markanten Kirchturm der spätgotischen Klosterkirche **St. Maria Magdalena.**

Pilgerweg Wuppertal–Aachen
Erste Etappe: Wuppertal-Beyenburg–Remscheid-Lennep–Wermelskirchen–Odenthal-Altenberg

Klosterkirche St. Maria Magdalena

Beyenburg war zu damaliger Zeit eine wichtige Station entlang der alten Heer- und Königsstraße, die, aus Norddeutschland kommend, über Soest und Dortmund nach Köln führte. Hier passiert man die 1335 erstmals erwähnte Wupperbrücke nahe der dortigen Porta Westfalica. Zu Pilgerzeiten muss es meist hoch hergegangen sein; hier trafen sich nicht nur Pilger, sondern auch Händler und Soldaten. Daher gründeten gegen Ende des 15. Jahrhunderts an dieser Stelle Mönche des Kreuzherren-Ordens ein **Kloster** ① auf dem Berg Beyenburg, es diente den Ruhe suchenden Pilgern als Rast- und Schlafplatz.

*Die Lage der einstigen **Textilfabrik Wülfing & Sohn** war das Resultat geopolitischer Überlegungen. Unter der von Napoleon ab 1810 verfügten Kontinentalsperre wurde die industrielle Produktion ins Tal verlagert, denn hier stand die Wasserkraft zur Verfügung.*

Für unsere Weiterfahrt bleiben wir zunächst im Tal der Wupper. Hierzu lassen wir uns zurück zur Straßen- und Bahnüberführung rollen, biegen dahinter links ab und fahren am Beyenburger Stausee entlang. Bei windstillem Wetter können wir das Spiegelbild der Beyenburger Altstadt auf der Wasseroberfläche erkennen. Am Ende des Sees fahren wir links hin zur Landstraße und biegen dort rechts auf den Radweg ein. Dieser führt uns in der Folge bis nach **Dahlerau.** Hier verlassen wir die Landstraße und fahren rechts über die Wupper in die dortige Ortslage hinein. Inmitten alter Fabrikgebäude und Arbeitersiedlungen lohnt ein Abstecher rechts zum heutigen **Wülfing-Museum** ②. In der Region entlang der Wupper wurde Industriegeschichte geschrieben. Weltweit bekannt waren Wolltücher aus Kammgarnen sowie die Kollektion von 1000 Mustern. 1996 musste die Fabrik ihre Pforten schließen,

Wülfing-Museum

Für die Seele

Entlang des fleißigsten Flusses und auf einer alten Bahntrasse durchstreifen wir das Bergische Land.

Die Wupper bei Dahlhausen

heute engagieren sich viele ehemalige Mitarbeiter im Museum.

Vom Museum aus geht es zurück zur Gabelung, anschließend weiter entlang des Bahngleises flussaufwärts. Über die Ortschaft **Vogelsmühle** erreichen wir nach Querung des Gleises den ehemaligen Bahnhof von **Dahlhausen.** Hier wecken alte Lokomotiven, Waggons und Bahnbauwerke nicht nur bei Eisenbahnfreunden nostalgische Gefühle. Ein Verein kümmert sich um den Bestand und organisiert Draisinenfahrten auf der seit 1989 stillgelegten Bahnstrecke.

Hinter dem alten Bahnhof unterqueren wir eine Bahnbrücke, danach geht es rechts und entlang einiger Vorhöfe und am Siedlungsende auf einem Waldweg weiter zwischen Bahn und Fluss. Der Weg führt entsprechend des mäandrierenden Flussverlaufes durch eine urwaldartige Flusslandschaft weiter, wird später recht schmal und mündet nach Querung des stillgelegten Gleises nahe der Ortschaft **Wilhelmstal.** Ab hier radeln wir weiter in Richtung Talsperre. Die Straße verläuft später zunächst unterhalb der Sperrmauer, danach in einem Links- und Rechtsbogen stetig ansteigend weiter. In Höhe **Krebsöge** biegen wir rechts ab und fahren weiter über die Dammkrone der **Wuppertalsperre.** Bei deren Bau in den 1980er- Jahren versanken zahlreiche Ortschaften, Industrieanlagen sowie der damalige Bahnknotenpunkt Krebsöge im aufgestauten Becken in Höhe des Staudamms.

Bahntrassenweg bei Lennep

Nach Überquerung der Dammkrone geht es links über die Rader Straße weiter, an deren Ende nutzen wir den Radweg bergan entlang der Bundesstraße B 229, folgen der Radwegweisung zuerst durch den Grünzug, später links und weiter auf dem Radweg wieder entlang der B 229 bis in die Altstadt **Lennep.** Das Stadtbild wird auch durch die einstige Jakobskirche, heute evangelische Stadtkirche, mit ihrem markanten Zwiebelturm geprägt. Sehenswert sind außerdem das **Tuchmuseum** ❸ sowie das **Röntgen-Museum** ❹ inmitten der Altstadt.

In Höhe Alter Markt orientieren wir uns zunächst links (Wetterauer Straße), fahren hinter der Ampel geradeaus auf die Kölner Straße und biegen sofort rechts in die Bahnhofstraße ein. Nun geht es bergan zum **Bahnhof Lennep,** ab dort beginnt die Weiterfahrt auf dem autofreien Panoramaradweg Balkantrasse. Entlang der Strecke liefern uns Infotafeln an Mauerwerken und Brückenpfeilern wichtige Eckdaten zur einstigen Bahnstrecke. Vorbei am früheren Bahnknoten **Bergisch-Born** erreichen wir nach kurzer Zeit **Wermelskirchen.**

Am Ende des Bahntrassenweges leiten uns die Radwegweiser zunächst weiter entlang der Berliner Straße, später rechts in die Pfarrstraße, in Höhe des Busbahnhofs dann wieder links, anschließend geradeaus und später durch die Telegrafenstraße. In der seit dem Mittelalter für die Schuh- und Lederwarenherstellung bekannten Höhenstadt prägen noch einige typisch bergische Fachwerkbauten das Ortsbild, allerdings stört der Autoverkehr. Hinter dem Traditionsgasthof Zur Eich biegen wir links ab, am kommenden Kreisel wieder links, weiter rechts über die Schillerstraße. Diese mündet später auf die Dabringhauser Straße, der wir bergab bis nach **Hufe** folgen. Dort biegen wir rechts in die Kreisstraße ein, die uns bergab in das Eifgenbachtal bis **Neuemühle** 5 führt. Diese in der Talaue liegende, aus dem Jahr

Wichtigster Wirtschaftsfaktor der im 13. Jh. gegründeten Stadt Lennep war die ***Tuchindustrie,*** *Kaufleute nutzten die Lage der Stadt und beteiligten sich am Fernhandel. Noch heute lässt sich der mittelalterliche Grundriss gut erkennen.*

Im Eifgenbachtal

1826 stammende Kornmühle war die letzte der im Bergischen Land errichteten Mühlen. Im Untergeschoss des heutigen Gasthofes sind noch das Mahlwerk sowie die Backstube mit dem alten Ofen zu sehen. Heute ist hier ein **Restaurant** untergebracht, das sich für eine Einkehr anbietet.

Nach Querung des Bachs geht es weiter entlang der Kreisstraße, nun jedoch ständig bergauf. Unterwegs passieren wir eine Straußenfarm, bis die Straße auf die Landstraße L 101 stößt und wir nach deren Querung den heutigen Wermelskirchener Stadtteil **Dabringhausen** erreichen. Dominiert wird das Ortsbild von der in Bruchsteinbauweise errichteten evangelischen Kirche inmitten des Ortes.

Rechts über die Altenberger Straße geht es nach Durchfahrung des Ortes zurück auf die L 101, deren Radweg wir bis **Lüdorf** folgen. Später weisen uns Radwegweiser parallel zur Landstraße den weiteren Verlauf. Im Ortsteil Bremen orientieren wir uns in Höhe der Hausnummer 14 links, queren erneut die L 101 und lassen uns anschließend bergab rollen. Im Tal der **Dhünn** angekommen, sehen wir rechts der Strecke **Haus Maria in der Aue ⑥,** ein Tagungshotel.

Wir folgen den Wegweisern durch das Tal der **Dhünnaue.** Der autofreie Weg ist recht breit und lässt uns genügend Zeit, um unseren Gedanken freien Lauf zu lassen. Langweilig wird es nicht, da der Fluss mehrere Kehren und auch einige kleinere Erhebungen aufweist. Kurz vor dem Austritt des Flüsschens aus den Mittelgebirgsgesteinen in die Talaue sehen wir links der Strecke ein Einzelgebäude in Fachwerkbauweise. An dieser Stelle stand früher – weit abseits bebauter Ortschaften – eine Pulvermühle. In Höhe **Schöllerhof** erreichen wir den Radweg entlang der L 101, auf dem wir links einbiegend nach kurzer Zeit mit **Altenberg** unser erstes Etappenziel erreichen.

Der bereits von Weitem zu sehende Bergische Dom ist vor allem an Wochenenden und Feiertagen ein beliebtes Ausflugsziel, unter der Woche hat man jedoch die Atmosphäre des **Doms** 7 sowie der angrenzenden Klostergebäude für sich. In jedem Fall lohnt der Standort eine längere Pause, mit dem Kräutergarten, der Töpferei, dem Klosterladen, dem Pilgersaal und der Remise gibt es zahlreiche Sehenswürdigkeiten. Für das leibliche Wohl sowie für Übernachtungen sorgen einige Gastronomie- und Übernachtungsbetriebe.

*Mittelgebirgscharakter besitzt das Flüsschen **Dhünn** im Verlauf zwischen Dhünntalsperre und Altenberg. Aufgrund ihrer besonderen Flora und Fauna sind weite Bereiche der Dhünnaue heute unter Naturschutz. So kann man mit etwas Glück den Eisvogel beobachten.*

*Der **Altenberger Dom** wurde im 12. Jh. auf Veranlassung der Grafen von Berg gegründet und 1804 unter Napoleon säkularisiert. Nach einem Brand im Jahre 1815 folgte der Wiederaufbau der gotischen Basilika. Seit 1857 wird der Dom als Simultankirche genutzt.*

Altenberger Dom

Wuppertal
Oberbarmen
Schwelm
Hecking-
hausen
Unterbarmen
Wupper
Beyenburg
Ronsdorf
Dahlerau
Rade-
vormwald
Cronenberg
Lennep
Remscheid
Wuppertal-
sperre
Bergisch-
Born
Wermelskirchen
Hückeswagen
Dhünn
Burscheid
Dabringhausen
Dhünn
Große Dhünntalsperre
Blecher
Altenberg
Kürten
46
7
1
483
229
51
237
506
L 527
L 414
L 411
L 419
L 130
L 81
L 58
L 412
L 157
L 409
L 101
L 188
L 310
DB
P
1
2
3
4
5
6
7

Entspannung ✱✱✱✱✱
Genuss ✱✱✱✱✱
Romantik ✱✱✱✱✱

WIE & WANN:
Asphaltierte Wege sowie Wald- und geschotterte Feldwege, sehr hügelige Wegeführung in der Ortslage von Beyenburg; für Ungeübte empfiehlt sich ein E-Bike; beste Zeit im Frühling/Frühsommer sowie im Herbst

HIN & WEG:
Auto: Park + Ride am Bf. Wuppertal-Oberbarmen (GPS: 51.274044, 7.224738)
ÖPNV: RE 4, RE 7, RE 13, RB 48, S 7, S 8, S 9 bis Wuppertal-Oberbamen; Rückkehr zum Ausgangspunkt: Ab Leverkusen Schlebusch (ca. 11 km von Odenthal über ausgeschilderte Radroute) RB 48 bis Wuppertal-Oberbarmen
Übernachtung: Hotel Altenberger Hof (Eugen-Heinen-Platz 7, 51519 Odenthal, Tel. (0 21 74) 49 70, www.altenberger-hof.de) und Hotel Wißkirchen (Am Rösberg 2, 51519 Odenthal, Tel. (0 21 74) 6 71 80, www.hotel-wisskirchen.de)
Anschlusstour: Auszeittour 2 Odenthal-Altenberg–Köln–Kerpen

ESSEN & ENTSPANNEN:
Restaurant Neuemühle ❺ Neuemühle 1, 42929 Wermelskirchen, Tel. (0 21 96) 8 82 96 64, www.restaurant-neuemuehle.de
Haus Maria in der Aue ❻ In der Aue 1, 42929 Wermelskirchen, Tel. (0 21 93) 50 50, www.tagen.erzbistum-koeln.de

ENTDECKEN & ERLEBEN:
Kreuzherrenkloster ❶ Pilgerherberge, Beyenburger Freiheit 49, 42399 Wuppertal
Wülfing-Museum ❷ Am Graben 4–6, 42477 Radevormwald (Dahlerau), Tel. (0 21 91) 6 92 28 51, www.wuelfing-museum.de
Tuchmuseum ❸ Hardtstraße 2, 42897 Remscheid, Tel. (01 72) 2 30 07 98, www.tuchmuseum.de
Deutsches Röntgen-Museum ❹ Schwelmer Straße 41, 42897 Remscheid, Tel. (0 21 91) 16 33 84, www.roentgenmuseum.de
Altenberger Dom ❼ Eugen-Heinen-Platz 2, 51519 Odenthal, Tel. (0 21 74) 45 33 (Führungen), www.altenberger-dom.de

* 65 Kilometer
* 255 Höhenmeter
* 5 Stunden
* Strecke

Blick auf Köln

Klerikales Zentrum

Rund um Köln

Unsere Tour startet am Vorplatz des **Altenberger Doms.** Vorbei an Haus Altenberg erreichen wir die Landstraße L 101. In Höhe des Abzweigs Menrath verlassen wir die L 101 in einer Rechts-links-Schleife und fahren weiter auf den Mühlenweg. Hinter einem privaten Mühlenmuseum ragt links der Route der Kirchturm einer der ältesten Bergischen Kirchen hervor, **St. Pankratius** in der Gemeinde **Odenthal.** Traurige Berühmtheit erlangte der Ort durch seine im 17. Jahrhundert stattfindenden Hexenprozesse, der Hexenbrunnen inmitten der Ortslage erinnert daran.

Weiter entlang der L 101 führt unsere Route nach **Schildgen,** hier müssen wir zunächst bergauf radeln. An

Pilgerweg Wuppertal–Aachen Zweite Etappe: Odenthal-Altenberg–Köln-Dünnwald–Köln–Brauweiler–Kerpen

Burg Strauweiler bei Odenthal

St. Nikolaus

der Bushaltestelle liegt mit der dortigen **Herz-Jesu-Kirche** ❶ eine orientalisch anmutende Architektur der 1950er-Jahre, welche an die vieltürmige Stadt Jerusalem mitsamt Klagemauer erinnert. Entworfen und errichtet wurde das Sakralbauwerk vom Kölner Architekten Gottfried Böhm.

An der kommenden Kreuzung müssen wir beim Linksabbiegen aufpassen, da eigene Fahrradwege fehlen. Von der Paffrather Straße biegen wir rechts in die Katterbacher Straße ein. Nun geht es ortsauswärts in den Wald hinein. An der Wegekreuzung mit der Nummer 35 biegen wir rechts ein, fahren links am Parkplatz vorbei auf dem Waldweg nach **Köln-Dünnwald.** Ab dem Wendehammer geht es immer geradeaus auf der Leuchterstraße weiter, hinter den Bahngleisen rechts und später links vorbei an **St. Nikolaus** ❷. Die Klostermauer zeugt noch heute von der Bedeutung des einstigen Prämonstratenserinnenklosters.

Weiter geht es auf dem Radweg neben der L 101 bis zur nächsten Kreuzung, an der Bushaltestelle Am weißen Mönch biegen wir rechts ein und am nächsten Abzweig links. Wir folgen dem Hauptverlauf des Grünen Kuhwegs, der uns bis zur Ampel an der B 8 führt. Weiter geradeaus gelangen wir in den Kölner Stadtteil

*Die im 12. Jh. gegründete Klosteranlage **St. Nikolaus** war ein wirtschaftliches und kulturelles Zentrum. Im Inneren sind Waldmalereien sowie Holzfiguren von Jakobus zu sehen. Vom einstigen Klostergebäude ist lediglich der Ostflügel erhalten.*

Für die Seele

Vom Bergischen Dom zum Kölner Dom und durch das Marienfeld pilgern wir in die Kolpingstadt Kerpen.

Schlosspark Stammheim

Flittard, wir folgen nun den Radwegweisern durch den Ortskern des über 1000 Jahre alten Rheinortes. Hinter dem Friedhof erreichen wir den Rheindamm, auf den wir links einbiegen. Mit Blick auf die Flittarder Rheinaue gelangen wir nach **Stammheim.** Hinter dem Bootshaus lohnt ein Abstecher in Kölns einzigen **Schlosspark 3.**

Auszeittour 2

*Das einstige **Schloss Stammheim** mit dem Park zählte zu den bedeutendsten barocken Schlossanlagen im Rheinland. 1944 von Kriegsbomben zerstört, wurde es nicht mehr aufgebaut, erhalten blieb aber der Park mit seinen zum Teil über 200 Jahre alten Bäumen.*

Nach diesem lohnenswerten Abstecher setzen wir unsere Fahrt entlang des Leinpfads fort. In Höhe der Villa Kranenburg biegen wir in einer scharfen Rechts-links-Schleife auf die Festungsmauer oberhalb der Rheinpromenade ein, kurz danach fahren wir in einer weiteren Rechts-links-Schleife hinunter zur Rheinpromenade. Wir passieren die Schifferkirche **St. Clemens,** Mülheims älteste Kirche. Sie ist Mittelpunkt der über Köln hinaus bekannten Schiffsprozession zu Fronleichnam. **Mülheim** war bis 1914 eine selbstständige Stadt, Verwaltungssitz des damaligen Herzogtums Berg und gleichzeitig bedeutende Hafen- und Industriestadt mit eigenem Münzprägerecht im Schatten der Dommetropole.

Clemenskirche

Wir genießen den Blick auf die Silhouette Kölns und fahren vorbei am Mülheimer Hafenbecken. In Höhe der innenstädtischen Autobahnbrücke biegen wir rechts ein und passieren den Eingangsbereich der Claudius-Therme. Über das Gleis der Rheinparkbahn biegen wir links in den Kölner **Rheinpark** ein.

Wir folgen den Radwegweisern, die uns am Rheinufer entlang und später in Höhe der alten Messehallen hin zum Messebahnhof Deutz führen. Hinter der langen Bahnunterführung gelangen wir rechts auf die Rampe zur Hohenzollernbrücke, die uns über den Rhein und direkt auf das UNESCO-Welterbe, den **Dom** ④ zu Köln – offiziell: **Hohe Domkirche St. Petrus –** hinführt. Nicht nur der Dom, sondern auch zahlreiche andere klerikale Bauwerke prägen die Kölner Innenstadt. So gab es im Mittelalter 365 Kirchen innerhalb der damaligen Stadtmauer. Neben den zwölf romanischen Kirchen lohnt auch das erzbischöfliche **Museum Kolumba** ⑤ einen Besuch.

*Der **Rheinpark,** 1957 und 1971 Bundesgartenschaugelände, entstand auf den Resten eines früheren preußischen Forts. Von dessen Existenz zeugt noch die Geländegestaltung im Bereich des Rheinparkcafés, welches 1957 zur Bundesgartenschau errichtet wurde.*

Mit der Überführung der Reliquien der Heiligen Drei Könige aus Mailand wurde Köln im Mittelalter zudem bedeutender Pilgerort. Als einzige Stadt blieb Köln auch während der Reformationszeit katholisch, erst mit dem Einzug der französischen Revolutionsarmee wurden zahlreiche Klerikalbauten säkularisiert. Sogar der Kölner Dom diente zeitweilig als Pferdeunterstand.

Zu unserer Weiterfahrt halten wir uns nun in westliche Richtung. Zunächst fahren oder schieben wir unsere Räder zum **Wallrafplatz,** dort vorbei am WDR-Funkhaus, erreichen kurz darauf die Minoritenkirche, fahren am Kolpingplatz rechts, später durch die Breite Straße und geradeaus bis zum Brüsseler Platz, dahinter links auf die Moltkestraße und später rechts auf die Aachener Straße. An der kommenden Kreuzung folgen wir der Radwegweisung, also an der Haltestelle Universitätsstraße links, sofort wieder rechts, weiter entlang der Kanäle und nach Querung der Bahnlinie hinein in den **Kölner Stadtwald.** An der ersten Gabelung geht es rechts weiter, später leicht bergan

*Das von den Römern vor etwa 2000 Jahren gegründete **Köln (Colonia)** war nicht nur Hauptstadt der römischen Provinz Niedergermanien, sondern auch im Mittelalter bedeutender Wirtschafts- und Handelsplatz am Rhein und Mitglied der Hanse.*

Blick auf Köln

und halb rechts hin zur Friedrich-Schmidt-Straße, auf deren Radweg weiter bis zur Ampel. Dahinter geht es nochmals einen Hügel bergauf, in Höhe der Fußballwiese rechts, über die Straße hinweg, am Fußballstadion entlang, an dessen Ende links, dann den zweiten Weg rechts bis zur Haltestelle an der Aachener Straße. Nach deren Überquerung erreichen wir wieder ein Parkgelände. Den Hauptweg folgend erreichen wir links abbiegend und oberhalb der Bahngleise **Haus Belvedere.** Kurz danach passieren wir das Gelände der 1925 gegründeten Städtischen Freiluft- und Gartenarbeitsschule **(Freiluga).** Inspiriert von den Ideen der Reformpädagogik bietet dieser einzigartige Lernort bis heute Generationen von Stadtkindern Naturerlebnisse vor der Haustür an.

Bildstock in Widdersdorf

Wir folgen der Straße in Fahrtrichtung, an der nächsten Ampel queren wir die Straße, fahren dahinter links auf dem Radweg der Wegweisung folgend, vorbei an einer kleinen Besucherplattform, am Wegende links unter der Autobahn hindurch in den Kölner Stadtteil **Widdersdorf.** Wir passieren nun ein Neubaugebiet und orientieren uns weiter in Fahrtrichtung Westen. Am Kreisel folgen wir dem Verlauf der Straße Auf dem Aspel, später geht es, dem Wegweiser folgend, rechts zur Kirche **St. Jakobus** **6**. In einer Nische im Eingangsbereich lassen sich die Heiligen Johannes und Jakobus erkennen. Inmitten des Ortes bildet der Kirchturm eine auffällige Landmarke. Pfarr-

haus, Küsterhaus sowie weitere Gutshöfe unterstreichen den Charakter des mittelalterlichen Ortsbildes.

Von der Kirche aus folgen wir der Hauptstraße links, danach überqueren wir den Kölner Randkanal und setzen unsere Fahrt entlang der einstigen Kreisstraße fort. Mitten durch die im Frühjahr blühenden Wiesen und Felder lässt sich bereits unser nächstes Etappenziel **Brauweiler** erkennen. Am Wegende geht es zunächst rechts auf einem Radweg die Landstraße entlang, an der Ampel zuerst über die Straße, dann rechts und weiter auf dem Radweg links der Straße bis zur nächsten Ampel. Dort fahren wir links in die Donatusstraße hinein, queren anschließend die Helmholtzstraße und fahren rechts auf dem Weg parallel zur Straße weiter. An der dritten Abzweigung biegen wir links ein und fahren durch eine Allee leicht bergan bis in den Abteipark, dort im Rechts-links-Bogen zur **Abteikirche Brauweiler 7**. Die heutige Abteikirche **St. Nikolaus und Medardus** ist ein Nachfolgerbau der hier erstmals 1024 gebauten Klosterkapelle. Die **Abtei Brauweiler** war über das gesamte Mittelalter ein Wallfahrtszentrum des heiligen Nikolaus. Nach der Säkularisierung durch Napoleon wechselte es mehrmals seine Funktionen. Zuletzt wurde es zu einem regionalen Kulturzentrum umgebaut. Lohnenswert ist ein Rundgang durch die aufgegliederte Innenhofanlage.

Nach diesen Eindrücken verlassen wir das Abteigelände links über die Ehrenfriedstraße, dabei müssen wir auf den Autoverkehr achten. An der nächsten Gabelung biegen wir rechts ab, am Ortsende geht es auf dem Radweg weiter, später wechseln wir die Straßenseite und fahren geradeaus weiter nach **Königsdorf.** In Höhe der evangelischen Kirche halten wir uns zunächst links, biegen dann sofort rechts in die Paulistraße ein. An deren Ende überqueren wir die Aachener Straße, danach die Bahngleise und fahren anschließend rechts, den Wegweisern folgend, in den Vorgebirgsweg hinein. Am Ortsende gelangen wir in den **Königsdorfer Wald,** auf dem Waldweg geht es leicht

Wingert im Marienfeld

Rastplatz im Marienfeld

hügelig weiter in westliche Richtung. Gestört wird die Waldidylle durch den späteren parallelen Verlauf der Autobahn A 4, nach Verlassen des Waldes geht es an der kommenden Gabelung links, am Wegende links auf den Radweg neben der Landstraße, über die Autobahn hinweg, dahinter rechts auf die Zufahrt zum **ehemaligen Tagebaugebiet Frechen.** Wer im Kerpener Stadtteil **Horrem** übernachten **(Bildungshaus Kloster Horrem 8)** oder zurück zu seinem Auto nach Altenberg möchte, muss ab der Gabelung rechts auf den Radweg neben der Landstraße nach Horrem fahren und den Wegweisern in Richtung Bahnhof Horrem folgen.

Wo früher Braunkohle abgebaut wurde, prägen heute ein rekultiviertes Naherholungsgebiet sowie Wald- und Ackerflächen die Landschaft. In Höhe der Schranke orientieren wir uns an den Zeichen des Jakobs-Pilgerweges, lassen uns zunächst links entlang des Kirchweges bergab rollen, fahren am kommenden Abzweig links, danach rechts auf den Peter-Schauff-Weg, auf diesem in einem weiten Rechtsbogen ent-

lang des Waldes bis zur Freifläche des heutigen **Marienfelds.** An der Gabelung zwischen Wald und Freifläche fahren wir links weiter. Entlang der Strecke lassen sich Relikte der einstigen Landnutzung erkennen, so weisen Infotafeln an den Rastplätzen auf die Bedeutung des damaligen Bergbaus und auf die Nutzung als Wingert hin. Später biegen wir den zweiten Weg rechts ein; links der Strecke erkennen wir bereits ein großes Kreuz. Wir fahren noch ein Stück am Waldrand entlang bis zur kommenden Kreuzung, dort geht es links zum **Papsthügel** ⑨. Zu diesem eigens aufgeschütteten Hügel pilgerten 2005 etwa 1 Million Besucher aus 188 Nationen zur Vigil und Abschlussmesse des 20. Weltjugendtags mit Papst Benedikt XVI. hin.

Nach diesem Abstecher bleiben wir zunächst auf dem Weg in nördliche Richtung, folgen der Wegweisung an der kommenden Kreuzung links, vorbei am **Boisdorfer See.** Diese künstliche Wasserfläche wurde nach dem gleichnamigen Ort benannt, der im Rahmen des Tagebaus aufgegeben wurde. Wir folgen der Wegweisung und erreichen nach einer Weile den Aussichtspunkt Mödrath; von hier lässt sich ein Blick zurück auf das Marienfeld und die rekultivierte Tagebaufläche werfen.

Zunächst geht es weiter, vorbei am **Haus Mödrath.** An der Ampel fahren wir geradeaus auf dem Radweg in Richtung Kerpen weiter. Nach Unterquerung der Autobahn radeln wir weiter bis zum Kreisel, dort rechts und sofort wieder links, und gelangen über die Alte Landstraße durch eine Allee nach **Kerpen.** Wir passieren den alten Friedhof, fahren am Kreisel zunächst geradeaus weiter, anschließend links in den Filzengraben. Nach Überquerung der Schlossstraße folgen wir dem Wegweiser links durch das Klostergässchen hin zum Stiftsplatz in die Ortsmitte in Höhe der Kirche **St. Martinus.** Hier endet unsere erlebnisreiche Etappe.

Eingang zum alten Kerpener Friedhof

Altenberg
Odenthal
Schildgen
Dünn-
wald
Leverkusen
Bergisch
Gladbach
Bensberg
Chorweiler
Rhein
Niehl
Mülheim
Kalk
Köln
Deutz
Poll
Rodenkirchen
Porz
Rommerskirchen
Pulheim
Widdersdorf
Brau-
weiler
Lövenich
Königsdorf
Bergheim
Frechen
Habbelrath
Horrem
Grefrath
Hürth
Kerpen

Entspannung ★★★☆☆
Genuss ★★★☆☆
Romantik ★★★★☆

WIE & WANN:
Überwiegend asphaltierte Strecken, lediglich durch das Kerpener Marienfeld geschotterte Feldwege, wenige Anstiege; beste Zeit März bis Oktober

HIN & WEG:
Auto: Parkplatz Am Rösberg, Odenthal-Altenberg (GPS: 51.053367, 7.128847)
ÖPNV: Ab Leverkusen Bus 212 bis Odenthal-Altenberg; Rückkehr zum Ausgangspunkt: Ab Kerpen-Horrem RE bis Köln Hbf., weiter mit RB 48 bis Leverkusen Schlebusch, ab Leverkusen Finanzamt Bus 212 bis Odenthal-Altenberg
Übernachtung: Bildungshaus Kloster Horrem ❽ und nach telefonischer Anmeldung St. Jakobus-Weggemeinschaft Kerpen, Schulstraße 31, 50171 Kerpen, Tel. (0 22 37) 35 54
Anschlusstour: Auszeittour 3 Kerpen–Düren–Aachen

ESSEN & ENTSPANNEN:
Bildungshaus Kloster Horrem (Mater Salvatoris) ❽ Höhenweg 51, 50169 Kerpen (Horrem), Tel. (0 22 73) 60 23 50, www.bildungshaus-kloster-horrem.de

ENTDECKEN & ERLEBEN:
Herz-Jesu-Kirche ❶ Altenberger-Dom-Straße 140, 51467 Bergisch Gladbach (Schildgen), Tel. (0 22 02) 8 12 30
St. Nikolaus ❷ Prämonstratenser Straße 74, 51069 Köln (Dünnwald), Tel. (02 21) 16 80 87 80, www.st-nikolaus-duennwald.de
Schlosspark Stammheim ❸ Schloßstraße, 51061 Köln (Stammheim)
Kölner Dom ❹ Domkloster 4, 50667 Köln, www.koelner-dom.de
Kunstmuseum Kolumba ❺ Kolumbastraße 4, 50667 Köln, Tel. (02 21) 9 33 19 30, www.kolumba.de
St. Jakobus ❻ Hauptstraße 10, 50859 Köln (Widdersdorf), Tel. (02 21) 50 81 73, www.franziskus.koeln
Abtei Brauweiler (Kirche St. Nikolaus) ❼ Ehrenfriedstraße 19, 50259 Pulheim (Brauweiler), Tel. (0 22 34) 9 85 42 40
Marienfeld mit Papsthügel ❾ 50169 Frechen, ehem. Tagebaugebiet Frechen

- 70 Kilometer
- 543 Höhenmeter
- 6 Stunden
- Strecke

Kolpinghaus in Kerpen

Schöne Aussichten

Eifelberge und Münsterländchen

Start unserer letzten Etappe ist der Stiftsplatz in **Kerpen.** Von der Stiftsstraße biegen wir links in die Neustraße, dann rechts in die Bachstraße. Wir folgen der Radwegweisung gen Westen, nach einigen Metern lohnt noch ein Abstecher in die Straße Obermühle zum **Geburtshaus von Adolf Kolping** **1**.

Nach einer Weile erreichen wir **Langenich,** es geht rechts weiter mitten durch den Ort bis zum Uferweg des Neffelbachs, auf den wir links einbiegen. Erlen und Birken entlang des Ufers spenden uns bei sonnigen Temperaturen genügend Schatten, ebenso der kurz darauf die **Burg Bergerhausen** **2** umgebende Park. Dem Verlauf der Wegweiser folgend erreichen wir

Pilgerweg Wuppertal–Aachen Dritte Etappe: Kerpen–Düren–Schevenhütte–Kornelimünster–Aachen

Burg Bergerhausen

abermals den Uferweg, durch die Bäume hindurch schimmert die Silhouette der **Kommandeursburg** von **Blatzheim.** Beide Burgen bildeten im Mittelalter die strategischen Außenposten des Erzbistums Köln gegenüber dem im Westen angrenzenden Herzogtum Jülich. Wir bleiben auf dem Uferweg, fahren am Ort vorbei und am Ortsende der Wegweisung folgend rechts, ab der kommenden Kreuzung radeln wir entgegen der Wegweisung links auf die alte Landstraße (Heerweg), nach etwa 400 Metern rechts, im Linksversatz durch die Unterführung, dahinter auf dem asphaltierten Weg bis in Höhe von **Gut Seelrath,** dort an der Kreuzung rechts und am Wegende links auf den Radweg neben der Landstraße (L 264). In Höhe **Buchenhof** biegen wir rechts ein, am Graben im spitzen Winkel links weiter. Kurz vor **Golzheim** weist uns ein großes Schild auf die Pilgerstrecke nach Santiago de Compostela hin.

Kirchenruine in Merzenich

Die Route verläuft weiter durch im Frühjahr blühende Wiesen und bestellte Felder, bereits von Weitem ist der einstige Wasserturm der kommenden Ortschaft zu erkennen. An der kommenden Gabelung orientieren wir uns nach links und fahren Richtung **Merzenich.** Zunächst bleiben wir auf der Hauptroute und durchfahren die Jahnstraße, in Höhe Alter Bahnhof biegen wir rechts ab und erreichen über die Lindenstraße den gleichnamigen Platz. Neben dem **Hei-**

Für die Seele

Auf dem Pilger- und Krönungsweg radeln wir über die Höhen der Nordeifel zur Aachener Kaiserpfalz.

Heimatmuseum in Merzenich

matmuseum im kleinen Fachwerkhaus entlang der Hauptstraße lässt sich ein **alter Kirchturm** ausmachen. Umgeben von alten Grabsteinen aus dem 17. und 18. Jahrhundert bildet diese zentral gelegene Kirchenruine einen optischen Kontrapunkt zu ihrer Umgebung.

Am Lindenplatz folgen wir links den Wegweisern, nun entlang der Dürener Straße mitten durch den Ort, an der kommenden Gabelung geht es links weiter, ab dem Ortsende auf den Radweg links der Straße. Wir überqueren ein Bahngleis, bleiben auf dem Radweg und biegen schließlich rechts in die Kölner Straße (B 264) ein. Nach Passieren des ehemaligen Klostergebäudes überqueren wir an einer Ampel links die Straße, fahren die nächste Straße rechts hinein und folgen den Wegweisern in einigen Versetzen durch **Düren.** Über die Kölnstraße gelangen wir in die Fußgängerzone, durch die wir langsam bis zum **Markt** rollen.

Unterwegs nach Düren

Hier lohnt ein Abstecher links zum **Annaplatz** mit der gleichnamigen Kirche **St. Anna ③**. Diese symbolisiert nicht nur das Gedenken an die heilige Anna, sondern mit ihrer markanten Architektur an die Nachkriegszeit. Die Kirche wurde fast ausschließlich aus den Bruchsteinen der im Krieg zerstörten Vorgängerkirche Mitte der 1950er-Jahre wieder aufgebaut. Es lohnt ein kurzer Besuch, um diese besondere Aura auf sich wirken zu lassen.

St. Anna

Zurück zum Markt orientieren wir uns an der Radwegweisung, zunächst schräg rechts über den Kaiserplatz, anschließend geradeaus in westliche Richtung vorbei am **Leopold-Hoesch-Museum,** eine Reminiszenz an die frühere Bedeutung der Region als Industriestandort. So ließ der damalige Firmenmagnat und Großmäzen Hoesch dieses Museum errichten, welches heute u. a. eine Kunstsammlung bekannter Expressionisten beherbergt. Wir queren an der Ampel die Ausfallstraße, fahren weiter durch die Goethestraße und biegen später rechts in die Rurstraße ein, diese endet an der Tivolistraße. Nun geht es links über das Bahngleis hinweg, anschließend rechts auf der Valencienner Straße in den Ortsteil **Gürzenich.** In Höhe der Bushaltestelle Fuchs folgen wir dem Verlauf der Wegweiser, zuerst links, dann rechts durch die Ratsstraße, an der kommenden Kreuzung orientieren wir uns nach links, allerdings rechts entlang der parallel zur Hauptverkehrsstraße verlaufenden Schillingstraße. An deren Wegende geht es rechts weiter bis **Derichsweiler,** wir folgen der Wegweisung über die Felder und erkennen die ersten Eifelberge. Durch **Schlich** hindurch biegen wir am Ortsende links von der Westerloer Allee ab und fahren ein Stück bergan zum **Schloss Merode ④,** einer zweiteiligen Wasserburganlage aus

Die Geschichte der damaligen Kirche St. Martin geht bis ins 7. Jh. zurück. Mit ihrer Neuerrichtung als gotische Kathedrale im 14. Jh. und mit der Überführung der Reliquien von Anna aus Mainz wurde ***St. Anna*** *in Düren seit dem 16. Jh. zunehmend zur Pilgerstätte.*

Schloss Merode

dem 12. Jahrhundert im niederländischen Renaissancestil. Diese hochherrschaftlich anmutende Anlage ist noch heute in Familienbesitz, am Eingangstor kann man jedoch einen Blick auf das Gebäudeensemble werfen.

Wir umfahren den Schlosspark, nutzen die zweite Abbiegemöglichkeit rechts und stoßen erneut auf die Straße in Richtung Westen. Durch die Ortsteile **Pier** und **Jüngersdorf** geht es bis Langerwehe. Dort müssen wir entscheiden, ob ein Abstecher geradeaus in das dortige Töpfereimuseum lohnt, ansonsten halten wir uns an der Knoten-Nr. 42 links.

Hier bei **Langerwehe** ist die Pilgerroute identisch mit der einstigen Krönungsroute entlang der alten Aachen-Frankfurter Straße. Im **Töpfereimuseum** 5 ist neben den dortigen Exponaten der Gebrauchskeramik eine Extraausstellung zu Pilgerutensilien zu sehen. So gab es neben den Pilgerflaschen sogenannte Aachhörner, also aus Ton hergestellte Pilgerhörner, mit denen während der Prozession oder bei der Präsentation von Reliquien viel Lärm gemacht wurde.

In der Folge nutzen wir den straßenbegleitenden Radweg entlang des Wehebachs, am Knoten Nr. 43 biegen wir rechts ein und fahren vorbei an **Kloster Wenau** 6. Das im 12. Jahrhundert inmitten der sumpfigen Auenlandschaft errichtete Kloster Wenau wurde bis 1802 als Prämonstratenserinnenkloster genutzt. Trotz vieler abgerissener Gebäudeteile wirkt die Klosteranlage sehr weitläufig.

Zunächst bleiben wir auf der Kreisstraße; wir folgen jedoch später dem links abgehenden Waldweg durch das Wehebachtal. Vorbei am Forsthaus stößt unsere Route später wieder auf die Landstraße, auf deren Radweg wir nach **Schevenhütte** gelangen. Hinter der Kirche geht es links, dann sofort wieder rechts. In der Folge müssen wir uns an den Markierungen des Jakobsweges – gelbe Muschel auf blauem Grund – orientieren. Zunächst geht es auf der Hohlstraße recht steil bergan, vorbei an einem Wegekreuz und immer wieder mit tollen Ausblicken in die Umgebung. Nach Querung des Omerbachs geht es weiter bergan, stets am Waldrand entlang bis nach **Krewinkel.** Später müssen wir links die Süssendeller Straße hangaufwärts nutzen, in **Fleuth** geht es in einem Links-rechts-Haken weiter, später einen Feldweg bergauf durch den Wald. Wir bleiben auf dem Höhenweg, der uns durch das **NSG Kranzberg** führt und später bergab in den Stolberger

Kloster Wenau

Eifel-Blick

Ortsteil **Vicht.** An der aus Dolomitstein errichteten Kirche **St. Johannes** orientieren wir uns rechts, folgen der Radwegweisung in nördliche Richtung, überqueren die L 12 und biegen in Höhe der Knoten-Nr. 93 im spitzen Winkel links ein. Nun geht es recht steil bergan, später in einem Versatz erneut über die L 12 hinweg und leicht bergauf in das **NSG Schlangenberg** ⑦. Charakteristisch auf den dortigen schwermetallhaltigen Böden ist eine kurzrasige und spezielle Kräuterflora, denn das darunter lagernde Edelzinkgestein (Galmei) wurde lange Zeit regional abgebaut und weltweit exportiert.

Die Route führt uns in der Folge bergab und später rechts nach **Breinigerberg.** An der ersten Straße biegen wir links ein (Rickelsief) und fahren weiter westlich bis zur L 24. Auf diese biegen wir rechts ein und folgen dem Straßenverlauf mitten durch die Ortslage von **Alt-Breinig.** Seine Bedeutung als Bergbauort spiegelt sich in der Bauweise der Häuser wider, so sind neben vereinzelten Fachwerkbauten vor allem Häuser in Bruchsteinbauweise zu erkennen. Über die Stockemer Straße geht es ortsauswärts, nach Querung des Bahngleises und der L 12 biegen wir kurz vor **Dorff** links auf den Feldweg ein, an der nächsten Kreuzung wieder links und erreichen kurz danach **Kornelimünster.** Neben der Kirche **St. Kornelius** prägen die gleichnamige Kapelle und Galerie sowie zahlreiche Fachwerkbauten das heutige Ortsbild.

Weiter geht es über den Korneliusmarkt zur Bun-

Bekannt wurde ***Kornelimünster*** *im 9. Jh., als das Benediktinerkloster St. Salvatoris ad Indam gegründet wurde, ausgestattet mit Christusreliquien aus dem Aachener Reliquienschatz. Ab dem 13. Jh. wurde die Ansiedlung zu einem bedeutenden Wallfahrtsort.*

Kornelimünster

desstraße, auf diese rechts, an der Ampel links in die Schleckheimer Straße, hinter der Unterführung rechts zum **ehemaligen Bahnhof.** Wo früher Züge der Vennbahn hielten, lässt sich heute im **Biergarten Bahnhofsvision** 8 Pause machen. Zur Weiterfahrt bestehen zwei Möglichkeiten: Zum einen über die Bahntrasse der einstigen Vennbahn leicht bergab fast autofrei und gut ausgeschildert bis nach Aachen (12 km), zum anderen entlang des historischen Pilger- und Krönungsweges durch das Münsterländchen mit einigen Steigungen und streckenweise viel Autoverkehr (9 km). Für die zweite Variante fahren wir die Oberforstbacher Straße weiter bergan, vorbei am 1906 neu aufgebauten **Benediktinerkloster,** am kommenden Linksknick rechts, vorbei an der **Jakobuskapelle** im Bierstrauch, am Wegende links auf die Niederforstbacher Straße und kurz darauf rechts nach **Eich.** Die Radwegweisung leitet uns über die Landstraße unter der Au-

***Burtscheid** verdankt seine wirtschaftliche und städtebauliche Entwicklung den heißen Thermalquellen, die schon von den Kelten und Römern genutzt wurden. Noch heute zeugen zahlreiche Brunnen und Einrichtungen von seiner Bedeutung als Thermalbad und Kurort.*

tobahn hindurch nach **Lintert,** dort geht es links und in der Folge entlang der Straße (ohne Radweg) nun bergab bis **Beverau.** An der Bushaltestelle hinter dem Kasernengelände biegen wir rechts in den Branderhofer Weg ein, in der Folge immer geradeaus bis zum Marienhospital. Dort halten wir auf den Kirchturm von **St. Michael** in **Burtscheid** zu, dann links und vorbei an der Kirche **St. Johann-Baptist** über den Abteiplatz bergab zum Burtscheider Markt.

An dessen Ende geht es links über die Hauptstraße, dann geradeaus über die Burtscheider Brücke in die Innenstadt von **Aachen,** an der kommenden Gabelung halb rechts und danach in Fahrtrichtung über die Kleinmarschierstraße zum Domplatz. Hier am Gebäudeensemble von Rathaus, Katschhof und **Dom** 9 aus der Karolingerzeit endet unsere Etappe.

*Der **Aachener Dom** wurde 1978 als erstes deutsches Denkmal in die Liste der UNESCO-Weltkulturgüter aufgenommen. In dieser alten Krönungskirche wurden seit dem 10. Jh. über 30 Könige gekrönt; Karl der Große hat hier seine letzte Ruhestätte.*

Aachener Dom

Horrem
Kleine Erft
Braunkohletagebau Hambach
Kerpen
Übach-Palenberg
Jülich
Herzogen-rath
Braunkohle-tagebau Inden
Inde
Niederzier
Rur
Eschweiler
Langerwehe
Düren
Merzenich
Dürener Badesee
Nörvenich
Aachen
Stolberg
Vicht
Wehebachtalsperre
Kreuzau
Korneli-münster
Walheim
Nideggen
DEUTSCHLAND
BELGIEN
L 162
L 276
L 327
L 263
L 264
L 249
L 11
L 12
L 25
L 220
L 233
L 238
L 24
A 3
N68

Entspannung ✱✱✱✱✱

Genuss ✱✱✱✱✱

Romantik ✱✱✱✱✱

WIE & WANN:
Asphaltierte Wege sowie Wald- und geschotterte Feldwege, mehrere Anstiege zwischen Schevenhütte und Breinig, viel Autoverkehr in der Aachener Innenstadt; für Ungeübte empfiehlt sich ein E-Bike; beste Zeit Frühling/Frühsommer sowie im Herbst

HIN & WEG:
Auto: Park + Ride am Bf. Kerpen-Horrem (GPS: 50.91616, 6.71167), Parkplatz in Kerpen, Alte Landstraße (GPS: 50.87223, 6.69048)
ÖPNV: RE 1, RE 9, RB 38, S 12, S 19 bis Kerpen-Horrem; Rückkehr zum Ausgangspunkt: Ab Aachen Hbf. RE 1, RE 9 bis Kerpen-Horrem

ESSEN & ENTSPANNEN:
Gasthaus/Biergarten Bahnhofsvision ❽ Am Bahnhof 2, 52076 Aachen (Kornelimünster), Tel. (0 24 08) 15 24, www.bahnhofsvision.de

ENTDECKEN & ERLEBEN:
Geburtshaus Adolf Kolping ❶ Obermühle 21, 50171 Kerpen, Tel. (0 22 37) 37 28, www.stadt-kerpen.de
Burg Bergerhausen ❷ Wasserburg 12, 50171 Kerpen (Blatzheim), www.burg-bergerhausen.de
St. Anna ❸ Annaplatz 8, 52349 Düren, www.annaundmarien.de
Schloss Merode ❹ Kreuzherrenstraße 1, 52379 Langerwehe (Merode)
Töpfereimuseum Langerwehe ❺ Pastoratsweg 1, 52379 Langerwehe, Tel. (0 24 23) 44 46, www.toepferei-langerwehe.de
St. Katharina, Kloster Wenau ❻ 52379 Langerwehe, Tel. (0 24 23) 22 24
NSG Schlangenberg ❼ 52223 Stolberg (Breinigerberg)
Aachener Dom ❾ Domhof 1, 52062 Aachen, www.aachendom.de

Corneliuskapelle

Pilgerweg Essen–Aachen

(Fortsetzung der Via Regia aus Richtung Höxter)
145 km, drei Etappen

Schon zu Zeiten der Hanse wurde diese Ost-West-Verbindung zwischen Brügge und Nowgorod als mittelalterliche Transitstrecke genutzt, später auch von Pilgern und Kaisern, die sich auf den Weg nach Aachen und weiter nach Frankreich oder Spanien machten. Hierbei wurde unter Umgehung von Köln mit dem Rheinübergang bei Düsseldorf eine direkte Route in die Kaiserstadt und von dort weiter in Richtung Belgien genutzt. Im rheinischen Abschnitt verläuft der Weg von Werden (Klosterkirche St. Ludgerus) über Ratingen, Düsseldorf (St. Lambertus), Neuss (Quirinusmünster) und Jülich nach Aachen (Kaiserpfalz mit Dom).

Entlang der Ruhr

- 56 Kilometer
- 268 Höhenmeter
- 4,5 Stunden
- Strecke

Wir beginnen unsere Etappe im Süden der Ruhrmetropole Essen, verlassen den Bahnhofsvorplatz von **Werden** geradeaus und überqueren die Ruhr, dabei müssen wir auf den Autoverkehr achten. Über die Abteistraße gelangen wir in die Ortsmitte, wo sich auf einer Anhöhe das ehemalige **Abteigebäude** (1) mitsamt **Basilika** und separater Schatzkammer befinden. Die Anfänge von Werden gehen auf das Wirken des heiligen Ludgerus zurück, der am Ende des 8. Jahrhunderts das Benediktinerkloster gründete. Nachfolgend siedelten sich Menschen um das Kloster an. Im Jahre 1317 erhielt Werden die Stadtrechte, eigene Mauern und Tore. Wegen seiner nicht unmittelbaren Lage entlang der Altstraße Dortmund–Aachen durchquerte erst gegen Ende des 16. Jahrhunderts eine erste „gemeine Heer- oder Landstraße" den Ort. Die am Südhang der Ruhr liegende Basilika **St. Ludgerus** wird umringt von der Kulisse des mittelalterlichen Ortsbildes. Lange Zeit war die einstige Reichsabtei wegen ihrer Kontakte zu Corvey und Helmstedt ein wichtiges Bindeglied zwischen West und Ost.

Schleusen & Furten

Von der Ruhr zur Erft

Pilgerweg Essen-Werden–Aachen Erste Etappe: Essen-Werden–Ratingen–Düsseldorf–Neuss–Langwaden

Nach Besichtigung des Ortszentrums fahren wir über die recht verkehrsreiche Straße zurück, überqueren die **Ruhr** und orientieren uns ab der großen Kreuzung an der Radwegweisung, erst zum Bahnhofsvorplatz, dort links und weiter zum Radweg entlang der Ruhr. Wo heute Stehpaddler und Kanus unterwegs sind, wurde früher die Ruhrkohle bis zum Bau der Eisenbahn umladefrei transportiert. Vorbei an der alten Papiermühlenschleuse erreichen wir nach einer Weile das einstige Tuchmacherstädtchen **Kettwig,** heute ebenso wie Werden ein Stadtteil von Essen. Hier verlassen wir den Uferweg und fahren links über die Ruhrbrücke, an der Ampel zunächst geradeaus weiter und am Kreisel halb rechts in den Höseler Weg. Nun geht es, dem Pilgerzeichen folgend, eine Weile recht steil bergan, doch bei sommerlichen Temperaturen bietet der Wald genügend Schatten. Wir bleiben auf dem Hauptwanderweg, der uns nach **Hösel** führt. Dort biegen wir links in die Bahnhofstraße ein, nach wenigen Metern stehen wir vor dem **Oberschlesischen Landesmuseum 2.** Im gegenüberliegenden Park lässt sich gemütlich pausieren.

Eine erste urkundliche Erwähnung von ***Ratingen*** *stammt aus dem 9. Jh. Mit der Industrialisierung gegen Ende des 18. Jh. wurde Ratingen weltweit durch seine Baumwollproduktion bekannt.*

Vom Museum aus geht es wenige Meter zurück und dann links in die Kohlstraße. An deren Wegende fahren wir auf einem später immer schmaleren Waldweg links um das Klärwerk herum nach **Allscheid,** am Wegende rechts auf den Radweg der Landstraße und hinter der Autobahnunterführung links auf den Hölenderweg durch das Fachwerkdorf **Eggerscheid.** Ab hier folgen wir der Radwegweisung durch den Ort, queren das S-Bahn-Gleis und fahren dahinter links an der ehemaligen Brücker Mühle vorbei. Über die Brücker Straße geht es später rechts weiter, die Route quert eine Kreuzung und verläuft

Oberschlesisches Landesmuseum

über die Hochstraße und Oberstraße in die Ortsmitte von **Ratingen.**

Dominiert wird der mittelalterliche Marktplatz von der Kirche **St. Peter und Paul** ❸. Von dort geht es links weiter durch die Bechemer Straße, an der Ampel geradeaus, danach rechts auf die Hans-Böckler-Straße bis zur Stadthalle. Dort biegen wir links in die

Für die Seele

Auf den Spuren von Kaisern und Pilgern erleben wir eine rheinische Kulturlandschaft.

Schützenstraße ein, an der Kreuzung in Höhe der Fliednerstraße wieder links, unterqueren die Bahnlinie, halten uns danach links (Hohbeck). Der Weg führt am Waldrand entlang, anschließend über die Autobahn hinweg, danach biegen wir in Höhe **Bauenhaus** links der Radwegweisung folgend ein und gelangen durch den **Aaper Wald** in das Stadtgebiet von **Düsseldorf.** Über den Bauenhäuser Weg verlassen wir hinter dem Wanderparkplatz den Wald und fahren ein Stück weiter auf der Rennbahnstraße, an der nächsten Abzweigung rechts und über den Rolander Weg bergab. Am Wegende geht es links auf den Radweg bis zur Kreuzung nach **Mörsenbroich.** Über die gleichnamige Straße geht es weiter bis zur großen Straßenkreuzung, dort orientieren wir uns in Fahrtrichtung halb links, über die Münsterstraße erreichen wir den Ortsteil **Derendorf.** In Höhe der Kreuzung Eulenstraße/Ulmenstraße fahren wir links über die Prinz-Georg-Straße und nachfolgend an der nördlichen Düssel (Weg links der Straße) weiter. Im Stadtteil **Pempelfort** sehen wir links der Route die markante Kirchenkuppel vom Pestheiligen **St. Rochus.** Kurz danach überqueren wir an der Kreuzung die Duisburger Straße, fahren in Höhe des Goethe-Museums rechts, anschließend halb links der Wegweisung folgend durch den **Hofgarten.** Wir unterqueren eine Straße, fahren an einem der Weiher entlang und in Höhe der Heinrich-Heine-Allee um den Grabbeplatz herum weiter geradeaus in die **Altstadt von Düsseldorf ④.** Über die Mühlenstraße gelangen wir kurz danach an das Rheinufer. Die verdrehte Kirchturmhaube von **St. Lambertus** (13. Jh.) am nahe gelegenen Stiftsplatz lohnt einen kurzen Abstecher.

Hier in der Altstadt und entlang des Rheinufers herrscht täglich viel Betrieb, über die recht großzügige Promenade geht es stromaufwärts weiter, vorbei am Landtag sowie am **Medienhafen** mit seiner eigenwilligen Architektur. Nach Unterquerung der Brücke folgen wir den Wegweisern in Richtung **Hamm,** einem dörflich wirkenden Stadtteil. Hier querten die Pilger im

Alter Hafen Düsseldorf

Mittelalter den Rhein an einer Furt. Über die Hammer Dorfstraße geht es vorbei an der Kirche **St. Blasius** zur Auffahrt auf die Südbrücke (Kardinal-Frings-Brücke), nun geht es über den Rhein in das Stadtgebiet des linksrheinischen **Neuss.**

Wir nutzen die Abfahrt rechts die Rampe hinunter, fahren weiter ein Stück auf dem Damm stromabwärts und halten uns nach wenigen 100 Metern links. Über den Radweg entlang der Hammer Landstraße erreichen wir den Verlauf der historischen Pilgerroute. Am Ende der Straße geht es über eine Ampel geradeaus in die Stadtmitte von Neuss, wir halten direkt auf die markante Kuppe des **Quirinusmünsters** 5 am Markt zu.

Wer seine Tour in Neuss unterbrechen möchte, findet genügend Möglichkeiten der Beherbergung auch nach Pilgerart. Nach Querung der Stadtbahn-

*Beim **Quirinusmünster** kreuzen sich zwei überregionale Pilgerrouten. Neuss zählt somit zu den wichtigsten Pilgerorten im Rheinland. Sowohl in und um das Münster als auch im nahe gelegenen Clemens-Sels-Museum sind viele dokumentierte Pilgerspuren.*

Haus Eppinghofen

gleise inmitten der Fußgängerzone (Oberstraße) gelangen wir kurz darauf auf einen Uferweg parallel zum Erftgraben. Hier folgen wir den Radwegweisern links, die uns später um das Dorint-Hotel herumführen. Am Knoten Nr. 33 geht es zunächst geradeaus zur Kreuzung, dort links und nach wenigen Metern rechts in den Selikumer Weg, nun parallel entlang der Obererft, dem Pilgerwegzeichen folgend, vorbei an Wegekreuzen und Bildstöcken, später über die Bahn hinweg, am Wegende durch die Siedlung entlang der Corneliusstraße nach **Selikum.** Anschließend machen wir einen Rechts-links-Haken, fahren kurz darauf an der **Corneliuskapelle** 6 vorbei, nicht weit davon entfernt passieren wir **Schloss Reuschenberg** und gelangen dort rechts auf den Erft-Radweg. Ab hier folgen wir der Radwegweisung. Vorbei an **Weckhoven** und **Eppinghoven** passieren wir die Wehranlage bei **Haus Eppinghoven,** später geht es über **Helpenstein** ein Stück entlang parallel zum **strategischen Bahndamm,** einem Relikt aus der Preußenzeit.

Über Felder und vorbei an Pferdekoppeln erreichen wir kurze Zeit später den einst mittelalterlichen Flecken **Hülchrath,** bereits von Weitem zu erkennen an den Turmspitzen des dortigen **Schlosses** 7. Wir verlassen den Ort und fahren zum Abzweig des Knotens Nr. 95 rechts in Richtung Langwaden, nun deutlich entfernt von der Erft, bevor es rechts entlang der Landstraße auf dem dortigen Radweg weitergeht. In Höhe der Tankstelle biegen wir rechts ein und folgen dem Hinweis links zum **Kloster Langwaden** 8, unserem Etappenziel. Hier haben wir uns das hauseigene Klosterbier redlich verdient!

*Auf dem **strategischen Bahndamm** sollte vor allem der militärische Nachschub an die Westfront sichergestellt werden. Heute verlaufen Reit- und Wanderwege auf dem Bahndamm zwischen Rommerskirchen und der Museumsinsel Hombroich inmitten der Erftaue.*

***Kloster Langwaden** wurde im 12. Jh. als Prämonstratenserkloster gegründet. Seit 1964 ist hier der Zisterzienserorden Hausherr; neben Wohnbereich, Gästehaus und Klosterladen wird im Biergarten des Klosters ein hauseigenes Klosterbier ausgeschenkt.*

Schloss Hülchrath

Kloster Langwaden

Hattingen
Essen
Werden
Kettwig
Ruhr
Velbert
Wuppertal
Wülfrath
Mettmann
Ratingen
Krefeld
Rhein
Willich
Meerbusch
Düsseldorf
Kaarst
Erkrath
Hilden
Solingen
Wupper
Neuss
Mönchengladbach
Erft
Langwaden

Alles auf einen Blick

WIE & WANN:
Asphaltierte Wege sowie Wald- und geschotterte Feldwege, sehr hügelige Wegeführung zwischen Kettwig und Düsseldorf, starker Verkehr in der Düsseldorfer Innenstadt; für Ungeübte empfiehlt sich ein E-Bike; beste Zeit Frühling/Frühsommer sowie im Herbst

HIN & WEG:
Auto: Park + Ride am Bf. Essen-Werden (GPS: 51.38605, 6.99787)

Entspannung ★★★☆☆
Genuss ★★★★☆
Romantik ★★★☆☆

ÖPNV: S 6 bis Essen-Werden; Rückkehr zum Ausgangspunkt: Weiterfahrt bis Bf. Grevenbroich (8 km), RB 39 bis Neuss Hbf., dann RE 4, RE 13, S 8, S 11, S 28 bis bis Düsseldorf Hbf., weiter mit S 6 bis Essen Werden
Übernachtung: Zisterzienserkonvent Langwaden ❽
Anschlusstour: Entschleunigungstour 5 Langwaden–Grevenbroich–Kaster–Jülich

ESSEN & ENTSPANNEN:
Zisterzienserkonvent Langwaden ❽ Schloss Langwaden 1, 41516 Grevenbroich, Tel. (0 21 82) 8 80 20, www.klosterlangwaden.de

ENTDECKEN & ERLEBEN:
Abtei St. Ludgerus ❶ Brückstraße 77, 45239 Essen (Werden), Tel. (02 01) 49 00 50
Oberschlesisches Landesmuseum ❷ Bahnhofstraße 62, 40883 Ratingen (Hösel), Tel. (0 21 02) 96 50, www.oberschlesisches-landesmuseum.de
St. Peter und Paul ❸ Kirchgasse, 40878 Ratingen
Altstadt von Düsseldorf ❹
Quirinusmünster ❺ Münsterplatz, 41460 Neuss, Tel. (0 21 31) 22 23 27, www.neuss-mitte.de
Corneliuskapelle ❻ Gerhard-Hoehme-Allee 1, 41466 Neuss (Selikum), Tel. (0 21 31) 46 54 77
Schloss Hülchrath ❼ Schloss Hülchrath 1, 41516 Grevenbroich, Tel. (0 21 82) 63 37, www.schloss-huelchrath.de

- 48 Kilometer
- 158 Höhenmeter
- 4 Stunden
- Strecke

Bedburg-Kaster

Wir starten unsere Etappe vom **Kloster Langwaden** aus. Über den Erft-Radweg geht es zunächst weiter durch den Auenwald und an der kommenden Gabelung links, die Erft sehen wir hier nicht, dafür Wiesen und Pferdekoppeln sowie im Hintergrund hoch wachsende Pappeln, welche den Verlauf der Erft markieren.

Neue Naturen

Pilgern durch die Jülicher Bucht

Erst mit Erreichen des nächsten Ortes entlang der Route, **Wevelinghoven,** stoßen wir an die hier recht breite Erft mit zahlreichen Wehren. Wir verlassen nach wenigen 100 Metern die Hauptstraße nach rechts und biegen kurz danach noch einmal rechts in die Klosterstraße ein. Weiter über die Brücke passieren wir die **Motte Wevelinghoven,** eine frühzeitliche Schutz- und Fluchtanlage.

In Höhe der Motte folgen wir der Wegweisung links und fahren erneut durch Wiesen und vorbei an Pferdekoppeln. Im weiteren Verlauf geht es, der Wegweisung folgend, in einigen Versetzen bis in Höhe der **Mühle Kottmann.** Kurz vor Querung der Erft verzweigt die Route, wir folgen dem Verlauf des Erft-Radwegs rechts und fahren kurze Zeit später unter einer Landstraße hindurch, dahinter entlang der Erft auf gut befestigten Wegen durch die dortige Auenlandschaft nach **Grevenbroich.** Nach einer Weile stoßen wir an eine Gabelung in Höhe einer Holzbrücke. Dort überqueren wir die Erft und fahren zuerst an einer Apfelwiese vorbei bis zur **Villa Erckens** (1). 1887 wurde sie als Villa im klassizistischen Stil vom damaligen Industriellen

Pilgerweg Essen-Werden–Aachen Zweite Etappe: Langwaden–Grevenbroich–Bedburg–Titz–Jülich

St. Stepahnus in Elsen

Oscar Erckens errichtet. Heute befindet sich darin ein **Völkerkunde-Museum.** Dort geht es links am Haupteingang vorbei und nach der Rampenauffahrt am Knoten Nr. 6 rechts bis zum Kreisel. Halblinks folgen wir der Rheydter Straße nach **Elsen.**

In Höhe der Straße Haus Elsen verlassen wir die Rheydter Straße links und halten auf die Kirche

Für die Seele

Von der Erft zur Rur durchstreifen wir auf alten Pilgerwegen neue Naturlandschaften.

St. Stephanus 2 zu. Im Eingangsbereich der ursprünglich aus dem 12. Jahrhundert stammenden Kirche weist uns der Pilgerheilige Jakobus den weiteren Weg nach Santiago de Compostela. Hinter dem Friedhof der Kirche geht es links weiter, nach wenigen Metern rechts in eine kleinere Gasse, den Herrenhof, an deren Wegende links als Rad-/Gehweg am Siedlungsrand entlang in südliche Richtung. Wir folgen den Pilgerwegzeichen, die uns später in einem Linksbogen zur Bergheimer Straße führen. Dort biegen wir rechts ein, unterqueren die Autobahn und gelangen dem Verlauf des Radwegs immer geradeaus folgend in die Ortsmitte von **Gustorf.** Unmittelbar an der Pfarrkirche **St. Maria Himmelfahrt** (Grundsteinlegung im 13. Jh.) geht es links durch den Ort, anschließend über das Bahngleis und dahinter rechts der Wegweisung folgend parallel zur Bahn. Nach dem Links-rechts-Versatz fahren wir entlang von Versorgungsleitungen des Kraftwerks **Frimmersdorf** und erreichen wenig später den gleichnamigen Ort. Dort biegen wir rechts ab, überqueren die Erft und gelangen kurz darauf links entlang des Uferwegs flussaufwärts.

*Die **Erft** musste ihr Wasser zur Kühlung der Kraftwerke abgeben, zurück bekam sie Grubenwasser und Abwässer. Die Folgen waren starke Erwärmung und übermäßige Verschmutzung. Mittlerweile wurden ökologische und landschaftliche Verbesserungen in der Erftaue vorgenommen.*

In einem Wegknick in Höhe eines Stegs verlassen wir den Uferweg rechts, fahren unter der Bahn hindurch und über die Umgehungsstraße hinweg, dahinter über ein schmales Wegstück geradeaus, am Wegende links über die Mühlenerft, anschließend wieder rechts. An einer größeren Weggabelung informiert uns eine Tafel über den Pilgerweg, der rechts des Rastplatzes durch den Auenwald entlang der **Mühlenerft,** später vorbei am Kasterer See und schließlich rechts durch das **Erfttor** in den vom Tagebau verschonten mittelalterlichen Ortskern von **Kaster** ❸ hineinführt. Die Innenhofanlage des **Danielshofs** ❹ lädt mit Sitzbänken unter Bäumen zu einer Rast ein. Hier kann man bei Kaffee und Kuchen oder bei einem kleinen Snack zum Radler gemütlich entspannen.

Nach diesen Eindrücken verlassen wir den Ort durch das **Agathator** und orientieren uns rechts an der Wegweisung „Wasserburgenroute", wir radeln nun

Entlang der Erft

Am ehemaligen Braunkohletagebau Garzweiler

bergan auf die Hochfläche des vor wenigen Jahren **rekultivierten Tagebaugebiets Garzweiler ⑤.**

An einer Wegekreuzung lässt sich an einer der sieben Stationen am „Weg der Erinnerung“ der historische Verlauf des Pilgerwegs als Sichtachse zur neu errichteten Petrus-Kapelle in nördlicher Richtung verfolgen. Dort, wo früher einmal der Ort Königshoven war, befinden sich heute Wiesen und Felder, die Windräder des Windparks **Königshovener Höhe** und die Petrus-Kapelle, die an den Umsiedlungsort Königshoven erinnern soll. Später fahren wir nach Passieren des Waldstreifens bergab, an der Weggabelung rechts und vorbei am **Weiler Hohenholz,** queren die Landstraße L 48 und biegen an der kommenden Kreuzung links ein, überqueren die Autobahn und gelangen nach **Kirchherten.** Am Ortsbeginn halten wir uns halb rechts, queren die dortige Landstraße L 277 und setzen entgegen der Radwegweisung unsere Route nach rechts fort, folgen nun dem Zeichen des Pilgerwegs, vorbei am **Hahnerhof,** dahinter links und in Höhe der Fern-

*Hier im Süden des niederrheinischen Tieflandes liegt das größte **Braunkohlevorkommen** Europas. Die von riesigen Schaufelradbaggern ausgegrabene Fläche ist so groß, dass sie vom Weltraum aus sichtbar ist. Über 85 % der Kohle wird zur Verstromung genutzt.*

pumpstation wieder links. Die links der Strecke erkennbare Erhebung der Sophienhöhe, die aus Erdschichten des Hambacher Tagebaus über 200 Meter aufgeschüttet wurde, stellt in der flachen und ausgeräumten Bördelandschaft einen optischen Kontrast dar.

Der südlich der Sophienhöhe liegende aktive Tagebau mit dem angrenzenden ***Hambacher Forst*** *erlangte durch zahlreiche Protestkundgebungen im Rahmen des Klimadiskurses international mediale Aufmerksamkeit.*

Rechts des Weges am Ortseingang von **Mündt** liegt die ursprünglich dem heiligen Martin gewidmete Kirche **St. Urban** (13. Jh.). Deutlich zu erkennen sind die verschiedenen Bauphasen der Kirche. In der Ortsmitte orientieren wir uns an der Wegweisung nach rechts, biegen sofort wieder links in die Titzer Straße ein und gelangen mit Blick in die weitläufige Bördelandschaft inklusive zweier alter Windmühlen kurz darauf in den gleichnamigen Ort. Um die stark frequentierte Ortsdurchfahrt zu umgehen, verlassen wir die Hauptstraße in Höhe der Bushaltestelle **Titz** halb rechts durch die Linnicher Straße, passieren die Anhöhe der dorti-

Bockwindmühle bei Titz

gen spätgotischen Pfarrkirche, biegen links in die Amelner Straße und erneut rechts auf die Landstraße. Im Kreisel ortsauswärts fahren wir links der Straße auf dem Radweg, verlassen die Landstraße kurze Zeit später über den Malefinkbach und fahren parallel links am Weiler **Meerhof** vorbei. Der Weg führt zur **Spieler Mühle,** über die Mühlenstraße gelangen wir nach **Spiel.** Wir fahren auf den bereits von Weitem erkennbaren Kirchturm des Kirchspiels **St. Gereon** 6 zu, dessen Ursprünge im 11. Jahrhundert liegen.

Nach einer kurzen Verschnaufpause im Schatten des mächtigen Mauerwerks geht es rechts um die Kirche herum, hinter der Friedhofmauer links, nochmals links und an der kommenden Gabelung rechts. Nach Überquerung der Kreisstraße durchfahren wir **Sevenich** und biegen anschließend links auf die Landstraße ein. Nun nehmen wir den historischen Verlauf des Pilger- und Handelswegs wieder auf, müssen allerdings auf eine eigene Radwegeführung verzichten. Am Ortseingang von **Mersch** verlassen wir die Straße rechts über den Schwarzen Weg und fahren auf die Kirche **St. Agatha** 7 zu. Dort geht es nach links über die Agathenstraße zurück in die Ortsmitte, geradeaus über die Patterner Gasse, später Kreuzstraße nach **Pattern,** dort folgen wir den Radwegweisern und gelangen über den Vogelbaumweg vorbei an Gewerbebauten nach **Jülich.** Am Wegende schwenken wir auf die dortige Haubourdinstraße ein, diese unterquert kurz danach die Bahn, und wir biegen dahinter in die zweite Straße rechts ein. Nach einem Links-rechts-Haken geht es Am Wallgraben weiter, dort folgen wir dem Pilgerwegzeichen links durch den Nordeingang in den Festungsbereich der **Zitadelle** 8. Dieses monumentale Bauwerk ist in seiner Form überregional einmalig, denn solche im Renaissancestil erbauten Festungsanlagen findet man sonst nur südlich der Alpen. Die Befestigungsanlage dokumentiert gleichzeitig den Stellenwert dieses bereits zu römischer Zeit entstandenen Ortes Jülich (Vicus Iuliacum). Denn am historischen Übergang der Rur kreuzten sich schon in der Antike viele Handelswege, so vereinigten sich hier die beiden Römerstraßen aus Neuss bzw. aus Köln kommend und führten weiter über die Rur in westliche Richtung (Via Belgica).

Hier auf dem Gelände der Festung erfährt man alles über die Rolle Jülichs, besonders nach seiner fast kompletten Zerstörung während des letzten Welt-

Zitadelle in Jülich

kriegs – als ein abschreckendes Beispiel für Monumentalität und vermeintlichen Schutz durch Militärpräsenz. Bei einem längeren Aufenthalt lohnt in jedem Fall ein Besuch des Museums Zitadelle. Im Zentrum von Jülich unterbrechen wir unsere Etappe, bevor wir zum Endpunkt der Tour, dem Bahnhof Jülich, weiterfahren. Hierzu nutzen wir hinter dem stadtseitigen Südausgang der Zitadelle den Weg geradeaus, biegen links auf die Kölner Straße ein, am Wegende rechts auf die Neusser Straße, an der kommenden Kreuzung halten wir uns links und fahren kurz darauf rechts auf den **Bahnhof Jülich** zu.

*Ab dem 16. Jh. wurde **Jülich** neben Düsseldorf zur zweiten Residenzstadt der mittlerweile vereinigten Herzogtümer Jülich, Kleve und Berg als Gegengewicht zu Köln nach Plänen des Architekten Pasqualini im Stil einer italienischen Renaissance-Anlage ausgebaut.*

Kapellen
Langwaden
L 142
L 201
L 142
L 361
Jüchen
DB
Grevenbroich
L 69
L 116
Erkelenz
Gustorf
540
Erft
Braunkohle-
tagebau
Garzweiler
Frimmersdorf
L 19
L 375
L 213
L 277
L 241
Titz
Kirchherten
Bedburg
L 279
L 226
L 258
L 361
Pulheim
Linnich
Rur
L 12
Mersch
L 213
Bergheim
L 241
Elsdorf
L 136
Jülich
DB
Braunkohletagebau
Hambach
Sindorf
46
44
61
4
57
59
477
55
56

Alles auf einen Blick

WIE & WANN:
Asphaltierte Wege sowie Wald- und geschotterte Feldwege, Ortsdurchfahrt in Jülich (Zentrum–Bahnhof) mit viel Verkehr, eine Steigung hinter Kaster; beste Zeit Frühling bis Herbst

HIN & WEG:
Auto: Parkplatz am Kloster Langwaden, Grevenbroich (GPS: 51.11670, 6.64947)

Entspannung ★★★☆☆
Genuss ★★★☆☆
Romantik ★★★☆☆

ÖPNV: RE 8, RB 27, RB 39 bis Grevenbroich Bf.; Rückkehr zum Ausgangspunkt: Ab Jülich Bf. RB 21 bis Düren Bf., weiter mit RE 1, RE 9 bis Köln Ehrenfeld, weiter mit RE 8, RE 27 bis Grevenbroich Bf.
Übernachtung: Pension Central, Düsseldorfer Straße 11, 52428 Jülich, Tel. (0 24 61) 41 76, www.pension-central-juelich.de
Anschlusstour: Entschleunigungstour 6 Jülich–Aldenhoven–Aachen

ESSEN & ENTSPANNEN:
Bistro Danielshof ❹ Hauptstraße 3, 50181 Bedburg (Kaster), Tel. (0 22 72) 8 21 18

ENTDECKEN & ERLEBEN:
Museum Villa Erckens ❶ Am Stadtpark, 41515 Grevenbroich, Tel. (0 21 81) 60 86 56, www.museum-niederrheinische-seele.de
St. Stephanus ❷ Elsener Haus 10, 41515 Grevenbroich (Elsen), Tel. (0 21 81) 1 60 40 32
Altstadt Kaster ❸ Hauptstraße, 50181 Bedburg (Kaster)
Ehem. Tagebaugebiet Garzweiler ❺
St. Gereon ❻ Kapellenstraße, 52445 Titz
St. Agatha ❼ Agathenstraße, 52428 Jülich (Mersch), www.heilig-geist-juelich.de
Stadtgeschichtliches Museum/Museum Zitadelle ❽ Schlossstraße, 52428 Jülich, Tel. (0 24 61) 93 76 80, www.juelich.de/museum

- 40 Kilometer
- 205 Höhenmeter
- 3,5 Stunden
- Strecke

Auf der letzten Etappe der Pilgerstrecke nach Aachen starten wir am **Bahnhof Jülich,** orientieren uns von dort über die Radwegweiser in Richtung Stadtmitte und beginnen unsere Tour in Höhe der Schlossstraße in Sichtweite der historischen Festungsanlage. Wer hier die Tour beginnt, sollte vorher einen Abstecher

Bahntrassenwege

Von der Rur zu den Carolus-Thermen

auf das frei zugängliche und befahrbare Festungswerk **Zitadelle** ① machen (siehe auch Tour 5). Historische Kartenabbildungen zeigen den einstigen Grundriss des Ortes, der sich an den Befestigungswerken orientiert. Durch den Fußgängerbereich geht es zunächst weiter zum Markt, dort steht die Mitte des 10. Jahrhunderts auf römischen Fundamenten errichtete Kirche **St. Mariä Himmelfahrt** ②, Jülichs ältester und bis heute bedeutendster Klerikalbau. Ironie der Geschichte ist es, dass bereits im 12. Jahrhundert von deren Kanzel aus zum Kreuzzug gen Jerusalem aufgerufen wurde. So schien sich das Los Jülichs seit dem Niedergang des Römischen Reiches bis zum letzten Krieg abzuzeichnen: Kriege, Stadtbrände, der Ausbau zur Festung, Schleifung der Festung und Umbau als Garnisonsstandort, letztlich totale Zerstörung durch Brandbomben während des letzten Weltkriegs.

Durch das **Aachener Tor** verlassen wir nachdenklich das Ortszentrum und teilen uns anschließend einige 100 Meter die Fahrbahn der Hauptstraße mit dem Autoverkehr. Am Knoten Nr. 14 wird uns der weitere

!

Pilgerweg Essen-Werden–Aachen Dritte Etappe: Jülich–Aldenhoven-Warden–St. Jöris–Würselen–Aachen

Blick auf die Rur

Aldenhoven

Verlauf zum Ruruferweg in Richtung Aldenhoven angezeigt. Nun geht es flussaufwärts in südliche Richtung, später unter einer Straße und durch Schrebergärten hindurch, dahinter in einer Schleife auf den Weg auf dem Damm der früheren Bahnlinie Jülich–Aachen. Auf den nächsten Kilometern lassen wir Autolärm und -abgase hinter uns. Vorbei an der gotischen Antoniuskapelle rechts der Strecke in Höhe der **Burg Linzenich** folgen wir dem geradlinigen und steigungsfreien Verlauf vorbei an der rekultivierten Agrarfläche des einstigen Tagebaugebietes bis kurz vor **Aldenhoven.** An der Querung der Ortsdurchfahrt müssen wir uns entscheiden, entweder autofrei auf dem Bahndamm weiter vorbei am Römerpark weiterzuradeln oder rechts dem Verlauf der Straße durch die Ortsmitte des geschichtsträchtigen Städtchens zu folgen. Viele Fassaden zeugen von der einstigen Bedeutung als prosperierende Kleinstadt, die in der Neuzeit vom Bergbau des Aachener Steinkohlereviers profitierte.

Der Ursprung von ***Aldenhoven*** *liegt im 10. Jh., als „alter Hof" wurde es im Besitz des Kölner Erzbischofs erwähnt. Später ging der Ort in den Besitz der Grafen von Jülich über, die um die damalige Wallfahrtskirche sowie in dem Ort eine Stadtbefestigung errichteten.*

Über die Kapellenstraße und die Blumenstraße erreichen wir wieder den Bahndamm, den wir links über die Straße Am alten Bahnhof verlassen. Den Radwegweisern in Richtung Schleiden folgend gelangen wir kurze Zeit später nach **Niedermerz,** einen Stadtteil von Aldenhoven, mit seiner markanten romanischen Kirche **St. Johann Baptist** ③. Auffallend an

Für die Seele

Auf ruhigen Wegen folgen wir den Spuren der mittelalterlichen Händler und Pilger von der Rurfestung zur Aachener Kaiserpfalz.

diesem Bauwerk ist die Ausrichtung des aus dem 12. Jahrhundert stammenden Kirchturms in östliche Richtung. Wir folgen der Wegweisung weiter durch den Ort, biegen rechts in die Hofbongardstraße ein, fahren geradeaus über Am Merzbach weiter, bis wir wieder auf die Kreisstraße stoßen. Auf dem links der Fahrbahn liegenden Radweg geht es weiter bis zur Einmündung links nach **Weiler Langweiler.** Wir orientieren uns an den rot-weißen Pfeilwegweisern und verlassen den Ort. Nun geht es weiter durch die recht ausgeräumte Bördelandschaft, doch auf unserem kommenden Abschnitt begleitet uns eine Allee mit hoch gewachsenen Bäumen – eine Wohltat an heißen Tagen! An der nächsten Kreuzung mit Knoten-Nr. 35 biegen wir rechts ein. Nun erreichen wir eine weitere Weggabelung; hier weisen uns zwei Gedenksteine auf die einstige Lage des Dorfes Langweiler hin, das seinerzeit dem Tagebau weichen musste. Eine Ruhebank unter Schatten spendenden Bäumen lädt zum Verweilen ein.

Haus Kambach

Weiter geht es an dieser Gabelung links durch die Börde und an der Kreuzung mit der Knoten Nr. 66 wieder rechts. Nach Überquerung der Landstraße erreichen wir den Alsdorfer Ortsteil **Warden.** In Höhe der bruchsteingemauerten **Jakobuskapelle** biegen wir links ein und stoßen auf die Landstraße, die uns nach **Kinzweiler** führt.

Bereits von Weitem zu sehen ist der markante Kirchturm von **St. Blasius,** deren Ursprung in das Jahr 1300 zurückgeht. An der Bushaltestelle in Höhe der Burg Kinzweiler machen wir einen Rechts-links-Haken und fahren auf der Kambachstraße weiter. Rechts der Strecke liegt **Haus Kambach 4,** ein restauriertes Wasserschloss, welches zu Beginn des 18. Jahrhunderts auf mittelalterlichen Fundamenten gebaut wurde, und heute Sitz eines Golfclubs mit angeschlossener, öffentlich zugänglicher Gastronomie ist.

Unsere Route führt im weiteren Verlauf, dem Pilgerwegzeichen folgend, bergan durch die Golfanlage. Auf dem Gipfel lassen wir unsere Blicke in die Umgebung schweifen und erkennen, dass das Thema Energie in der Region eine bedeutende Rolle innehat. So drehen sich auf den Halden der einstigen Tagebaugebiete heute zahlreiche Windräder. Nun lassen wir uns bis nach **St. Jöris 5** hinunterrollen, in Höhe der Bushaltestelle Kirche sehen wir links der Strecke das **einstige Zisterzienserinnenkloster** aus dem 15. Jahrhundert. In der nicht weit entfernten Kirche **St. Georg** befindet sich neben weiteren Exponaten des ehemaligen Klosters ein Triumphkreuz aus dem Jahr 1350.

Der weitere Streckenverlauf führt uns wieder hinaus in die Agrarlandschaft, am Ortsende queren wir das Bahngleis der Euregio-Bahn, die den Ort mit der StädteRegion Aachen regelmäßig erschließt. An der Kreuzung mit Knoten Nr. 78 fahren wir links bis zur Landstraße, biegen dort rechts auf den Radweg ein, unterqueren die Autobahn, und nach dem Wechsel der Fahrbahnseite gelangen wir geradeaus über die Eschweilerstraße nach **Broichweiden.** Dort geht es links durch die Buschstraße weiter. Am Wegende erreichen wir rechts über die Friedensstraße eine Ampel, fahren über die Kreuzung geradeaus ortsauswärts und erreichen im weiteren Verlauf das Gelände des

Unterwegs in der Jülicher Börde

Freizeitbades Aquana. Wir überqueren an der Ampel eine Ausfallstraße und stoßen in Höhe der Knoten-Nr. 74 auf den Bahndamm der einstigen Bahnlinie Jülich–Aachen, deren Verlauf wir bereits ab Jülich für einige Kilometer gefolgt sind. Wenige 100 Meter später erreichen wir die Ortsmitte von **Würselen.** Das Alte Rathaus, die mittelalterliche Burganlage Wilhelmstein mit Freilichtbühne sowie die 1725 errichtete **Basilika St. Sebastian** 6 mit ihren markanten Turmkuppen direkt am Markt prägen das Stadtbild.

Nach einer wohlverdienten Pause in der **Kaffeewerkstatt** 7 am Markt geht es weiter entlang des Bahntrassenradwegs, vorbei am Kinderspielplatz durch den heutigen Stadtgarten. Kurz danach unterqueren wir die Autobahn. Zunächst wird der weitere Verlauf des Radwegs unterbrochen, später geht es links ab vom Bahndamm und über die Haarener Ortsdurchfahrt entlang der Hergelsbendenstraße. Perspektivisch wird die Bahntrassenführung jedoch verlängert werden, sodass sich die weitere Führung ändern wird. In jedem Fall erreichen wir in der Ortsmitte von **Haaren** die Bundesstraße 264 (Alt-Haare-

St. Jöris

Basilika in Würselen

ner-Straße), die mitten durch den heutigen Aachener Stadtteil führt.

Nach Passieren des Bahngleises queren wir im Schutz der Ampel links die Straße und erreichen, den Wegweisern folgend, den Rad- und Fußweg entlang der Wurm. Jahrhundertelang bildete er die Grenze zwischen Aachen und dem Umland, heute fließt er zum Teil eingezwängt wie ein Abflusskanal durch die hiesige StädteRegion. Wir folgen der Wegweisung, unterqueren eine Schnellstraße, um dahinter in einer 180-Grad-Schleife zurück zum Uferweg der Wurm zu gelangen. Vorbei am **Gut Kalkofen,** einer aus dem 15. Jahrhundert stammenden Wasserburganlage, wechseln wir die Uferseite und erreichen am Europaplatz die Kaiserstadt **Aachen.**

Wir sind noch nicht ganz am Ziel. Zunächst umfahren wir den großen Kreisel etwa hälftig und nutzen die zweite Ausfahrt rechts, um an einer Fußgängerampel die Straße links zu überqueren (links liegt eine Tankstelle). Über den Blücherplatz geht es wei-

Pilger, Händler und alle Reisenden, die es vor Einbruch der Dunkelheit nicht mehr durch das bewachte Kölntor nach Aachen schafften, blieben meist für eine Nacht in ***Haaren.*** *An die damalige Bedeutung des Ortes erinnert der Alte Zehnthof.*

Gut Kalkofen

Aachener Dom

ter in Fahrtrichtung, später über Sigmundstraße und Rehmplatz mit seiner Mariensäule inmitten des Spielplatzes weiter durch die Maxstraße. An der Ampel müssen wir schließlich eine Bundesstraße überqueren, dahinter passieren wir den Synagogenplatz. Wir folgen den Wegweisern rechts nun mit deutlich mehr Autoverkehr über die Blondelstraße, an der Ampel links auf die Peterstraße und vorbei am klassizistischen Bauwerk des **Elisenbrunnens,** Wahrzeichen der Aachener Badekultur, bis in Höhe der Tourist-Info. Von dort geht es rechts weiter über die Hartmannstraße, nach wenigen Metern erreichen wir links den **Münsterplatz** mit dem **Aachener Dom 8,** dem Ziel unserer Etappe. Und wer nach der Radtour körperliche Entspannung sucht, dem sei ein Besuch der nahe gelegenen **Carolus-Thermen 9** empfohlen.

*Die Gründung der Kaiserstadt **Aachen** geht wohl auf Karl den Großen zurück, der während einer Jagd auf eine heiße Quelle gestoßen war. An dieser Stelle ließ er eine Pfalz errichten, eine Stadt gründen und zu Ehren der Muttergottes den Aachener Dom bauen.*

Jülich
P
DB
1
2
L 136
L 264
44
56
Übach-
Palenberg
Landgraaf
Baesweiler
Bourheim
Kirchberg
L 136
Aldenhoven
Inde
Rur
3
L 238
L 11
Braunkohletagebau
Inden
Alsdorf
Kerkrade
Herzogenrath
Mariadorf
NIEDERLANDE
DEUTSCHLAND
Warden
Blaustein-
see
Kinzweiler
4
Hehlrath
5
St. Jöris
57
L 136
Kohlscheid
Lucherberger
See
4
264
Broichweiden
L 223
Eschweiler
Langerwehe
6
7
Weiden
Würselen
Wurm
4
44
L 23
L 260
L 136
Aachen
544
8
9
1
1a
1
264
1
DB
258
Stolberg

Alles auf einen Blick

WIE & WANN:

Fast durchgehend asphaltierte Wege, Ortsdurchfahrt in Aldenhoven mit mäßigem Verkehr sowie entlang einiger Straßen in Aachen mit stärkerem Verkehr, eine Steigung hinter Kinzweiler; beste Zeit Frühling bis Herbst

HIN & WEG:

Auto: Park + Ride am Bf. Jülich (GPS: 50.91926, 6.36856)

Entspannung ★★★☆☆
Genuss ★★★☆☆
Romantik ★★★☆☆

ÖPNV: RB 21 bis Jülich Bf.; Rückkehr zum Ausgangspunkt: Ab Aachen Hbf. RE 1, RE 9 bis Düren Bf., weiter mit RB 21 bis Jülich Bf.

ESSEN & ENTSPANNEN:

Kaffeewerkstatt Würselen ❼ Markt 10, 52146 Würselen, Tel. (01 52) 26 63 00 71, kaffeewerkstatt.business.site (tatsächlich mit nur einem „e")

ENTDECKEN & ERLEBEN:

Stadtgeschichtliches Museum/Museum Zitadelle ❶ Schlossstraße, 52428 Jülich, Tel. (0 24 61) 93 76 80, www.juelich.de/museum
St. Mariä Himmelfahrt ❷ Stiftsherrenstraße 15, 52428 Jülich, www.heilig-geist-juelich.de
St. Johann Baptist ❸ Johannesstraße, 52457 Aldenhoven (Niedermerz)
Haus Kambach ❹ Kambachstraße 9–13, 52249 Eschweiler (Kinzweiler)
ehem. Zisterzienserinnenabtei St. Jöris (5) Am Klosterhof, 52249 Eschweiler-St. Jöris
Basilika St. Sebastian ❻ Sebastianusstraße, 52146 Würselen, www.sankt-sebastian-wuerselen.de
Hohe Domkirche ❽ Münsterplatz, 52062 Aachen, Tel. (02 41) 47 70 91 27, www.aachenerdom.de
Carolus-Thermen ❾ Stadtgarten/Passstraße 79, 52070 Aachen, Tel. (02 41) 18 27 40, www.carolus-thermen.de

Bahntrassenweg bei Marienbaum

Pilgerweg Emmerich–Köln

195 Kilometer, vier Etappen

Diese alte Fernstraße am linken Niederrhein zählt zu den ältesten Handelswegen nördlich der Alpen. Ihr Ursprung ist die Limesstraße entlang des Rheins zwischen Katwijk (Niederlande) und Windisch (Schweiz). Zu Zeiten der Römer entstanden zahlreiche Wegetrassen, die regelmäßig bewacht und unterhalten wurden. Da der Rhein mehrmals seinen Verlauf änderte, wurde ab dem späten Mittelalter der Streckenverlauf auf hochwasserfreies Terrain verlegt. Neben zahlreichen Wallfahrtskirchen und -kapellen bilden der Xantener Dom, das Quirinusmünster in Neuss sowie der Kölner Dom die optischen Highlights.

Am Rhein

- 50 Kilometer
- 109 Höhenmeter
- 4 Stunden
- Strecke

Vom Bahnhofsvorplatz in **Emmerich** aus orientieren wir uns zunächst rechts, biegen sofort links in die Hafenstraße und an deren Ende rechts in die Industriestraße ein. Hafenbecken und Lagerhallen prägen das Bild der einstigen Hansestadt. Nach Umfahrung des Hafenbeckens erreichen wir die Rheinpromenade, hier müssen wir vor allem an Sonn- und Feiertagen auf die zahlreichen Spaziergänger achten. An der Stiftskirche **St. Martini,** erbaut in der zweiten Hälfte des 11. Jahrhunderts, werfen wir einen Blick auf den Rhein. Immer wieder bedrohte Hochwasser die Kirche und brachte durch Unterspülungen des Fundaments das Bauwerk im 14. Jahrhundert zum Einsturz. Nach Wiederaufbau und Zerstörung während des

!

Pilgerweg Emmerich–Köln Erste Etappe: Emmerich–Kleve–Kalkar–Xanten

Frühe Kulturen

Am Alten Rhein

Zweiten Weltkriegs wurde die Kathedrale in reduzierter Form wieder aufgebaut. Das in der Nähe liegende **Rheinmuseum** **1** dokumentiert die Rheinschifffahrts- sowie Stadtgeschichte von Emmerich.

Hinter der Kirche folgen wir den rot-weißen Wegweisern ortsauswärts in Richtung Kleve und überqueren nach einer Weile auf der insgesamt 1230 Meter langen Hängebrücke den Rhein. Diese 1965 eingeweihte Brücke ist wegen ihrer recht eleganten Architektur

St. Martin in Emmerich

ein echter Hingucker. Mit Erreichen der linken Rheinseite halten wir uns rechts, fahren über den Oraniendeich und biegen nach einiger Zeit am Knoten Nr. 13 links in die Hülskampstraße. Über **Warbeyen** erreichen wir wieder die Bundesstraße B 220, auf deren Radweg fahren wir vorbei an **Haus Schmidthausen.** Dieses heutige Rokokoschlösschen war vor der Rheinbettverlagerung zusammen mit dem benachbarten Aldenhof Teil einer Ansiedlung mit Markt, Handelsplatz und Zollstation. Im Gelände zeichnen die mäandernden Busch- und Baumreihen den Verlauf des Altrheins nach. Kurz danach biegen wir in **Kellen** links ein (Haltestelle Ollenberg) und fahren anschließend in einem Rechtsbogen vorbei an der romanischen Pfarrkirche **St. Willibrord** ❷, deren Ursprünge wohl vor dem 10. Jahrhundert liegen.

Weiter in Fahrtrichtung biegen wir kurz danach rechts in die Schulstraße ein, an deren Ende links zurück auf die Emmericher Straße, die uns direkt in die Ortsmitte von **Kleve** führt. Weithin sichtbar erhebt sich die **Schwanenburg** ❸ über den Ort. Sie liegt auf einem Hügel, der Teil der letzten Eiszeitablagerung ist

(Stauchmoräne). Neben dem städtischen Museum in **Haus Koekkoek** 4 sowie der Pfarrkirche **St. Mariä Himmelfahrt** (14. Jh.) verleihen der vom damaligen Fürsten angelegte Tiergarten sowie die Schwanenburg dem Ort Kleve seinen unverwechselbaren Charakter.

Auf der Weiterfahrt ortsauswärts orientieren wir uns zunächst an der Radwegweisung zum Bahnhof, ab dem Abzweig weiter entlang am **Kermisdahl** 5, einem Altrheinarm. Die Wegweiser leiten uns in einigen Versetzen durch die Besiedlung. An der Bushaltestelle in Höhe des Hallenbades geht es links, dann rechts in die Straße In den Galleien, ein Hinweis auf eine Landschaftsinszenierung des damaligen brandenburgischen Fürsten. Er bezog die halbkreisförmige Ebene mit Kermisdahl und Hügelkette als natürli-

Für die Seele

Radeln durch eine abwechslungsreiche Kulturlandschaft – vorbei an Altarmen, Landschaftsachsen und durch historische Altstädte.

che Begrenzung mit ein und pflanzte entlang der Entwässerungsgräben mehrere Baumreihen an. So entfaltet dieser Abschnitt eine unverwechselbare Raumwirkung. Nach einer Weile stoßen wir auf den Radweg des Klever Rings, auf den wir rechts einbiegen. Am Knoten Nr. 23 halten wir uns links, fahren am Moritzgrab vorbei, verlassen den Radweg in Höhe des Restaurants links über eine Kreisstraße und fahren hinter dem Bahngleis rechts, anschließend vorbei am **Loosenhof.** In der Folge orientieren wir uns an den Pilgerwegzeichen bzw. folgen dem Verlauf des Voltaire-Weges, wohl eine Reminiszenz an den prominenten Zeitgenossen des damaligen Fürsten.

Am Waldende biegen wir rechts ab, überqueren einen Graben und fahren dahinter sofort links weiter in einem kurvigen Verlauf nach **Bedburg-Hau.** Dort geht es ein Stück weiter entlang des Bedburger Weges, den wir kurz danach halb rechts auf einem Waldweg verlassen. Der weitere Verlauf des Weges entlang einer

*Die Backsteinbauweise sowie die Türme mit ihren Zinnenreihen verleihen dem Schlossbau englisches Flair. Seit gut 20 Jahren beinhaltet **Schloss Moyland** als Museum eine Sammlung moderner Kunst. Ebenso sehenswert ist der angegliederte Schlosspark.*

Altrheinrinne (Moyländer Veen) mitten durch einen Auenwald erfolgt bis kurz vor unserem nächsten Ziel fast ausschließlich auf Waldwegen. Am Ende des Waldabschnittes macht der Weg einen Linksknick und erreicht den Radweg entlang einer Landstraße. Bereits von Weitem erkennt man **Schloss Moyland** 6, dessen Eingangsbereich wir, den Wegweisern folgend, über die Moyländer Allee erreichen.

Weiter geht es in nördlicher Richtung entlang der Moyländer Allee, direkt auf die einstige Anlage der Burg Till zu. Diese mit ihrer doppelten Eichenreihe charakteristische Allee diente einst als Spazierweg mit Blick auf ein bevorstehendes Ziel. In Höhe der ehemaligen Burg Till biegen wir rechts in die Kreisstraße ein, die uns in die Ortsmitte von **Till** führt. Seine Lage an der mittelalterlichen Rheinstraße war ausschlaggebend für die Errichtung der dortigen Pfarrkirche **St. Vincentius;** viele Pilger nächtigten hier. Auf der Weiterfahrt entlang der Tiller Straße lassen sich rheinwärts einige Kolken ausmachen. Sie sind das Resultat früherer Hochwasser, in deren Folge Dämme brachen, das Wasser den Untergrund tief ausstrudelte und anschließend das Land überflutete.

Niederrheinisches Stillleben

Städtisches Museum ...

... und Mühle Kalkar

Marienbaum

In Höhe **Freyendahl** bleiben wir weiterhin auf dem Radweg, die Beschilderung führt uns bis in den Außenbereich unseres kommenden Etappenziels. Noch vor der Querung des Wassergrabens, der Kallflack, biegen wir entgegen der Wegweisung rechts Im Schwanenhorst ein, am Wegende links. So gelangen wir in die Ortsmitte von **Kalkar** 7 mit seiner prägnanten Hallenkirche **St. Nikolai** aus dem 15. Jahrhundert.

Ortsauswärts über die Hanselaerstraße biegen wir in Höhe der aus dem 18. Jahrhundert stammenden **Mühle** 8 rechts ab, fahren entlang des Leybachs weiter und am Wegende links. Vorbei an mehreren Einzelhöfen führt die Route über eine Landstraße hinweg nach **Appeldorn.** Ab hier folgen wir wieder dem Pilgerwegzeichen links und hinter der Schule rechts. Im nahe der Kirche **St. Lambertus** liegenden **Biergarten Op Den Huck** 9 lohnt eine kurze Rast. Die Route führt uns weiter über die St.-Lambertus-Straße, ortsauswärts über die Marienbaumer Straße, über eine Landstraße hinweg und über den Lohscher Weg an den Ortsrand von **Marienbaum.** In Höhe Klosterstraße biegen wir rechts ein und orientieren uns an dem Kirchturm der **Wallfahrtskirche** 10**.**

Das zu Beginn des 13. Jh. gegründete ***Kalkar*** *entwickelte sich wegen seiner Lage an wichtigen Handelsstraßen zu einem prosperierenden Ort, abzulesen an den Fassaden der Gebäude inmitten des historischen Stadtkerns wie Rathaus oder Beginenhof.*

Vom Kirchplatz aus in Höhe der Nonnenskulptur geht es links ein Stück über die Ortsdurchfahrt, nach wenigen Metern rechts und an der Knoten-Nr. 44 links, nun über die als Radweg präparierte Trasse der **ehemaligen Bahnlinie Xanten–Kleve.** Kurz nach Überquerung eines Grabens biegen wir rechts ein und bleiben in der Folge auf diesem asphaltierten Feldweg. Dieser führt uns durch die mittlerweile vertraute niederrheinische Landschaft, geprägt von Altarmen, Gräben, Erlen und Pappeln. Nach einer Weile passieren wir den Gebäudekomplex des ehemaligen Franziskanerklosters Mörmter; heute werden auf diesem Anwesen Heranwachsende aus sozial schwierigem Milieu betreut.

Der Legende nach wurde im 15. Jh. ein gelähmter Schafhirte geheilt, als er von einer Eiche träumte, in deren Stamm er später eine ***Marienstatue*** *fand. Später entstand an diesem Ort eine Kirche umgeben von einem Doppelkloster.*

Der Weg mündet später auf eine Kreisstraße, deren Verlauf wir folgen, anschließend überqueren wir den Bahntrassenradweg und die Landstraße. Dahinter nutzen wir den Radweg neben der Straße. Dieser führt uns später vorbei an der **Jugendherberge von Xanten,** die unmittelbar am Ufer der dortigen Südsee liegt, ein idealer Ort, um die Tour für eine Übernachtung zu unterbrechen. Nun ist es nicht mehr weit zu unserem Etappenziel. Je nach Besucher- und Verkehrsaufkommen nutzen wir den Uferweg oder den straßenbegleitenden Radweg, fahren in Höhe des Segelhafens rechts und halten auf den **Archäologischen Park Xanten (APX)** ⑪ zu. Dort wird römische Geschichte sichtbar, die über mehrere Jahrhunderte den Ort sowohl städtebaulich als auch kulturell geprägt hat. Wir passieren den APX, halten uns am Knoten Nr. 40 halb links und gelangen durch das **Rheintor** in die Ortsmitte von **Xanten.** Am Kreisel geht es geradeaus, dahinter halb links über **Karthaus** ⑬ zum Markt. Rechts davon liegt der Vorplatz des **Xantener Doms** ⑫, hier endet unsere erste Etappe.

Der Bau des ***Doms St. Viktor*** *(Xantener Dom) resultiert aus dem Fund eines Märtyrergrabes, das Mitte der 1930er-Jahre entdeckt wurde. Über diesem Grab entstanden in der Folge mehrere Kirchenbauten, die bis Mitte des 13. Jh. mit einem Neubau begonnen und im 16. Jh. vollendet wurden.*

Südsee bei Xanten

Neben dem Xantener Dom lohnt ein Rundgang um die ehemalige Stadtbefestigung, auf deren Westseite weithin erkennbar die **Kriemhildmühle** steht, eine der wenigen historischen Mühlen, die täglich in Betrieb sind. Im **Regionalmuseum** lässt sich die Entwicklung der Stadt und seiner Umgebung von der vorgeschichtlichen Besiedelung bis in die Gegenwart verfolgen. Wer von Xanten aus die Rückreise antreten möchte, biegt am Marktende rechts in die Kurfürstenstraße ein, folgt dieser geradeaus über die Klever Straße und biegt bei Knoten-Nr. 41 links in die Hagenbuschstraße ein. An deren Ende liegt der **Bahnhof Xanten.**

Isselburg
Emmerich am Rhein
L 90
DB
P
Rhein
Kalflack
L 7
3
67
220
220n
Kellen
9
Kleve
K 15
K 5
Triftstraße
Kalkarer Straße
Hasselt
Wissel
Emmericher Landstraße
Rees
Bedburg-Hau
57
L 18
L 484
Alte Bahn
Uedemer Straße
Kalkar
L 41
Reeser Straße
Appeldorn
K 27
K 45
Leybach
L 8
L 362
Kehrum
K 10
Marienbaum
Xantener Nordsee
Niers
L 174
Wardt
L 6
L 5
Klever Straße
Xantener Südsee
Lüttingen
Mühlenstraße
Goch
Uedem
L 77
K 5
Trajanring
Beek
Xanten
1
2
3
4
5
6
7
8
9
10
11
12
13

Alles auf einen Blick

WIE & WANN:
Meist asphaltierte Wege sowie ein längerer Waldwegabschnitt, bis auf den innerörtlichen Anstieg zur Schwanenburg in Kleve flache Streckentour; beste Zeit Frühling bis Herbst

HIN & WEG:
Auto: Park + Ride am Bf. Emmerich (GPS: 51.83423, 6.25417)
ÖPNV: RE 19 bis Emmerich Bf.; Rückkehr zum Ausgangspunkt:
Ab Xanten Bf. Bus 44 bis Kleve Bf., weiter mit SB 58 bis Emmerich Bf.
Übernachtung: Hotel An de Marspoort (Marsstraße 78, 46509 Xanten, Tel. (0 28 01) 10 57, www.hotel-an-de-marspoort.de) und Hotel Xanten (Victorstraße 23, 46509 Xanten, Tel. (0 28 01) 9 83 52 30, www.x-otel.de)
Anschlusstour: Erfrischungstour 8 Xanten–Rheinberg–Moers

ESSEN & ENTSPANNEN:
Brauhaus Kalkarer Mühle ❽ Mühlenstege 8, 47546 Kalkar, Tel. (0 28 24) 9 32 30,

Entspannung ★★★★☆
Genuss ★★★★☆
Romantik ★★★☆☆

www.kalkarer-muehle.de **Biergarten Wirtshaus Op Den Huck ❾** St.-Lambertus-Straße 2, 47546 Kalkar (Appeldorn), Tel. (0 28 24) 22 07, www.op-den-huck.de
Karthaus Xanten ⓭ Karthaus 10, 46509 Xanten, Tel. (0 28 01) 57 57, www.karthaus-xanten.de

ENTDECKEN & ERLEBEN:
Rheinmuseum Emmerich (1) Martinikirchgang 2, 46446 Emmerich, Tel. (0 28 22) 75 19 00, www.rheinmuseum-emmerich.de. **St. Willibrord ❷** Hohe Straße 105, 47533 Kleve (Kellen)
Schwanenburg ❸ Schlossberg 1, 47533 Kleve, www.kleve.de
Museum B. C. Koekkoek-Haus ❹ Koekkoekplatz 1, 47533 Kleve, Tel. (0 28 21) 76 88 33, www.koekkoek-haus.de **Kermisdahl mit Galleien ❺** 47533 Kleve
Museum Schloss Moyland ❻ Am Schloss 4, 47551 Bedburg-Hau, Tel. (0 28 24) 95 10 60, www.moyland.de **Altstadt Kalkar ❼** 47546 Kalkar **Wallfahrtskirche Marienbaum ❿** Klosterstraße 23, 46509 Xanten (Marienbaum), Tel. (0 28 04) 3 70, www.xanten.de
Archäologischer Park Xanten ⓫ Trajanstraße 4, 46509 Xanten, Tel. (0 28 01) 9 88 92 13
Dom St. Viktor ⓬ Kapitel 8, 46509 Xanten, Tel. (0 28 01) 7 13 10

Gedenkstätte Tor der Toten bei Rheinberg

- 45 Kilometer
- 110 Höhenmeter
- 4 Stunden
- Strecke

Wer mit der Bahn anreist, fährt zunächst über die Hagenbuschstraße in Richtung Ortsmitte, an der Knoten-Nr. 41 rechts und gelangt über die Kurfürstenstraße zum Markt von **Xanten.** Im Schatten des eindrucksvollen **Doms** passieren wir den Markt und fahren der Radwegweisung folgend weiter über die Marsstraße ortsauswärts in Richtung Birten. Über die Viktorstraße und nach Querung einer Ringstraße (Knoten-Nr. 25) geht es am **Fürstenberg** aufwärts. Entgegen der Radwegweisung folgen wir nun der Pilgerwegmarkierung links um das Hotel herum, vorbei am Schlösschen sehen wir links der Strecke inmitten eines Hains die **Fürstenbergkapelle** ①, eine Reminiszenz an das hier früher stehende Zisterzienserinnenkloster

!

Pilgerweg Emmerich–Köln Zweite Etappe: Xanten–Rheinberg–Orsoy–Moers

Rhein-Zeitreise

Die Altstraße entlang

auf einer Anhöhe östlich von Xanten. Wir bleiben auf dem Waldweg, der rechts abbiegt, und stoßen am Wegende wieder auf die Radroute, die uns vorbei am Standort des einstigen Römerlagers Vetera I nun wieder bergab durch einen Hohlweg und vorbei an einem weiteren Wegekreuz bis zum Eingang des antiken **Amphitheaters** ② am Ortsrand von Birten führt. Das **Amphitheater Birten** war Teil der römischen Siedlung neben dem Römerlager, hier fanden einst bis zu 6000 Zuschauer Platz.

Wir folgen dem Verlauf der Route entlang der Römerstraße vorbei am Pastoratsplatz von **Birten,** überqueren das Bahngleis und biegen dahinter links ein. Nun befinden wir uns auf der mittleren, von frucht-

baren Ackerböden mit Sonderkulturen geprägten Niederrheinebene. Wir überqueren kurze Zeit später eine Kreisstraße und fahren vorbei an der ehemaligen **Burg Winnenthal,** heute wird diese frühere Wasserburg aus dem 14. Jahrhundert als Seniorenresidenz genutzt und kann daher nicht näher besichtigt werden.

Kurze Zeit später fahren wir entlang einer sich im Gelände abzeichnenden **Landwehr.** Hier in der Region Niederrhein gab es früher viele kleine Herrschaftsgebiete, welche schützende Grenzen erforderten. In diesem Fall war die wirksamste Grenze ein wasserführender Graben, der in äußerst mühseliger Handarbeit angelegt wurde. Das half der Entwässerung der Felder und war somit auch für die hiesige Landwirtschaft vorteilhaft. Die ausgehobene Erde wurde daneben zu einem Wall aufgeschüttet, dieser wurde mit einer Dornenhecke bepflanzt, und schon hatte man ein seinerzeit wirklich schwer zu überwindendes Hindernis, eine Landwehr. Hier, südlich von Haus Winnenthal, ist die rund 600 Jahre alte Landwehr noch gut erhalten, auch wenn große Teile inzwischen eingeebnet wurden.

Kurz darauf überqueren wir eine Bundesstraße und folgen der Wegweisung. In Höhe Eppinghoven biegen wir rechts ein, danach links auf die Borther

Straße, über die wir nach **Menzelen** gelangen. Entgegen der Wegweisung durchfahren wir den Ort über die Ringstraße, dieser knickt in Höhe der Kirche **St. Walburgis** (11. Jh.) links ab und führt ab dem Kirchplatz als Feldweg über ein stillgelegtes Gleis zwischen Feldern hindurch. Links von uns können wir einen Blick auf das **Salzbergwerk Borth** werfen.

Wir stoßen am Ende des Feldweges auf die Verlängerung der Werkszufahrt, biegen an der Haltestelle Solvay rechts auf den Radweg neben der Bundesstraße ein und verlassen diese an der kommenden Abzweigung links. In **Borth** passieren wir die Kirche **St. Evermarus**, ein wenig weiter in Höhe der Sparkasse verlassen wir die laute Ortsdurchfahrt nach rechts, biegen kurz danach links auf den Mittelweg, an dessen Ende wir

*Das etwa 200 m mächtige **Salzbergwerk Borth** ist wohl das weltweit größte seiner Art. Hier fahren noch heute „weiße Kumpels" rund 900 m unter Tage, um das dort sich vor etwa 230 Mio. Jahren gebildete Salz abzuteufen – jährlich etwa 2 Mio. Tonnen.*

Für die Seele

Wir erleben den Wandel einer Region von der Antike bis in die Moderne.

abermals den Radweg parallel zur Borther Straße erreichen. Auf diesem bleiben wir zunächst, queren eine Radroute und folgen im Rechtsbogen der Landstraße der Wegweisung links, sofort wieder rechts und weiter parallel zum Rheindamm. In Höhe der Weggabelung an der Knoten-Nr. 98 stoßen wir rechts auf einen Wassergraben. Die damalige spanische Statthalterin der nahe gelegenen Stadt Rheinberg, Klara Eugeniana (16. Jh.), ließ diesen nach ihr benannten Kanal, die **Fossa Eugeniana,** aus militärstrategischen Gründen bauen, doch nach 3 Jahren erübrigte sich ein Weiterbau. Geblieben ist eine markante Altwasserrinne, deren Verlauf heute vom nahe einmündenden Moerserbach aufgenommen wird.

Nun ist es nicht mehr weit zu unserem nächsten Etappenziel. Wir folgen der Radwegweisung, hinter dem Gleis links entlang der Wertstraße, an der Ampel in Höhe der Ortseinmündung rechts und weiter in die ehemalige Zoll- und Festungsstadt **Rheinberg.** Sehenswert in Rheinberg sind das beeindruckende Stammhaus der Familie Underberg sowie weitere Bürgerhäuser aus dem 16./17. Jahrhundert. Innerhalb der Wallanlagen liegen die katholische Pfarrkirche **St. Peter** ③ aus dem 12. Jahrhundert, der Kamper Hof (13. Jh.) sowie das gotische Rathaus (15. Jh.).

Vom Holzmarkt aus gelangen wir links zum Kirchplatz, fahren ab dort rechts auf den Weg entlang des Wallgrabens mit seinem noch erhaltenen einstigen Zollturm, stoßen am Wegende auf die Orsoyer Straße, auf die wir links einbiegen, und orientieren uns am Kreisel halb links, queren eine weitere Straße und fahren ab dem nächsten Kreisel weiter geradeaus; der Radweg wechselt jedoch die Straßenseite. Nach einigen Metern geht es links, der Radwegweisung folgend, Am Mühlenkolk durch eine Kopfbaumallee weiter, später müssen wir an der Kreuzung inmitten der Felder auf den rechts zeigenden Wegweiser achten. Wir erreichen die Bischof-Roß-Straße **Budberg,** dort biegen wir zunächst links auf die Rheinberger Straße ein, dann dem Pilgerwegzeichen folgend rechts, überqueren ein Bahngleis und biegen an der nächsten Kreuzung links ein. Wir passieren in Höhe des Marienplatzes eine architektonische Kuriosität, die katholische Kirche **St. Marien** 4. Nach dem Zweiten Weltkrieg wuchs der Ort durch die Aufnahme vieler Vertriebener. Ein eigens gegründeter Kirchenbauverein erwarb die alte, mittlerweile funktionslose Windmühle und integrierte deren Turm in die neu gebaute Kirche.

St. Marien in Budberg

Wir folgen dem Rechtsbogen der Straße, biegen am Wegende links in den Kiefernweg ein und später wieder links Richtung Spanische Schanzen. Der Wegname weist auf das nahe gelegene Bodendenkmal hin, das von den damals herrschenden Spaniern gegen die benachbarten Niederlande errichtet (Fossa Eugeniana, s.o.), doch kurze Zeit später wieder aufgegeben wurde. Heute erinnern Siedlungs- und Straßennamen an das damalige Bauwerk. Dem Pilgerwegezeichen folgend, erreichen wir kurze Zeit später den Radweg entlang der Rheinberger Straße. An der Bushaltestelle folgen wir links der Wegweisung, biegen hinter dem Bahngleis rechts ein, später nochmals rechts und fahren ab der Knoten-Nr. 6 nach **Orsoy** 5.

Trotz seiner Lage am Rhein sowie der Erhebung zur Stadt und Funktion als Zollstätte seit dem 13. Jahrhundert erlangte der Ort wegen seiner abseitigen Lage zu den Handelswegen nicht die Bedeutung wie andere Rheinorte. Erst ab dem 18. Jahrhundert brachten Textilgewerbe und später die Tabakindustrie den ersehn-

*Sehenswert in **Orsoy** sind neben den historischen Wohngebäuden der einstige Mühlenturm (später Pulverturm), der als Eckturm in die Stadtmauer integriert ist, sowie ein massives Stauwehr, das als Relikt der niedergelegten Festung weiterhin dem Hochwasserschutz diente.*

*Regional verbreitet sind viele verzierte Wasserpumpen entlang der Straßen. Die Tradition der **Pumpennachbarschaft** stammt aus dem späten Mittelalter, als man sich hausgemeinschaftlich um frisches Brunnenwasser oder den Brandschutz kümmern musste.*

ten Aufschwung. Noch heute lassen sich bei einer Rundfahrt um den Ort viele historische Gebäude in und um die einstige Stadtbefestigung ausmachen. So sind frühere Erdwälle zu erkennen, die den Verlauf der ehemaligen Festung im Gelände nachzeichnen.

Die in der Ortsmitte liegende Kirche **St. Nikolaus** (15. Jh.) ist dem Schutzpatron der Schiffer geweiht. Nach dem Rundgang lässt es sich im **Orsoyer Hof** 6 gut ausspannen.

Wir verlassen den malerischen Ort in östliche Richtung über die Binsheimer Straße, folgen den Radwegweisern und biegen an der Bushaltestelle rechts auf einen Feldweg ein. Schon von Weitem zu erkennen auf einem bewaldeten Berg (Halde Preußen) ist die überdimensionale Grubenlampe, das **Geleucht**, eine Erinnerung an die Zeit des Bergbaus der Region. Mit einigen Versetzen geht es mitten durch die Felder, be-

Pumpennachbarschaft

vor wir kurz vor dem Duisburger Stadtteil **Baerl** rechts einbiegen. Etwa 100 Meter hinter der Kirche geht es rechts über die Augustastraße weiter, am Wegende biegen wir links ein. Der Wegweisung folgend erreichen wir später parallel zu unserer Strecke ein Bahngleis, deren Verlauf wir folgen. Die Route führt uns kurz danach über das Gleis, am Knoten Nr. 17 in Höhe der **Halde Preußen** geht es links weiter. Im anschließenden Industrie- und Gewerbegebiet führt uns ein schmaler Weg wieder über das Bahngleis, dahinter geht es rechts weiter. Nach Querung der Landstraße erreichen wir über die Glückaufstraße unser kommendes Etappenziel, **Moers.** Dort biegen wir links in die Wagnerstraße ein und durchfahren die **Kolonie Meerbeck** 7. Diese zwischen 1904 und 1914 erbaute Zechen- und Arbeitersiedlung mit Gartenstadtcharakter wurde in den 1980er- und 90er-Jahren aufwendig saniert und bietet bis heute über 10.000 Menschen ein Zuhause.

Blick aufs Geleucht

Über den Klever Platz und die Moselstraße halten wir uns am Kreisel (Knoten Nr. 16) rechts und radeln direkt auf den **Bahnhof Moers** zu. Wer noch in die Stadt weiterfahren will, orientiert sich nach Unterquerung der Gleise ab der Knoten Nr. 46 in Höhe des Busbahnhofs links und folgt der Wegweisung entlang der ehemaligen Bahntrasse. Nach Querung der ersten Straße geht es im Rechtsversatz über die zweite Querstraße hinweg, am Knoten Nr. 40 dann rechts, danach geradeaus durch die Gartenstraße. In Höhe des Stadtgartens folgt man entweder den Wegweisern durch die Straßen oder den Wegen durch den 1836 im englischen Stil 1836 angelegten Landschafts- und heutigen Stadtgarten bis zum **Schloss Moers** 8. Von dort erreichen wir über die Straße Kastell die **Innenstadt.**

*1300 wurde **Moers** zur Stadt erhoben, ab dem 15. Jh. wurde die Stadtanlage um die Neustadt erweitert. Noch heute prägt diese Zweiteilung auf die beiden innerhalb eines einstigen Moores liegenden Inseln das Stadtbild.*

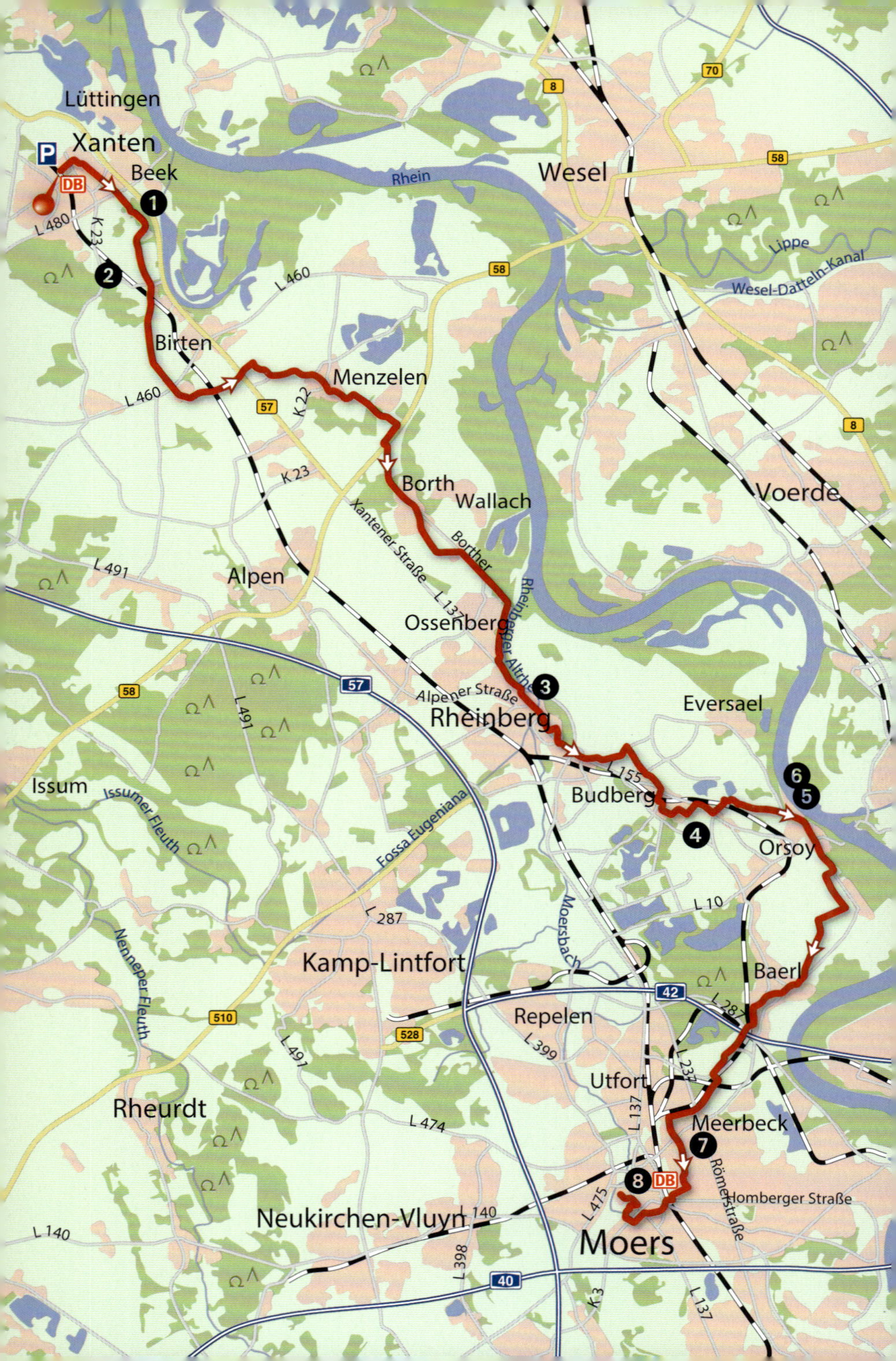

Lüttingen
Xanten
P
DB
Beek
1
2
L 480
K 23
Rhein
Wesel
8
70
58
Lippe
Wesel-Datteln-Kanal
L 460
Birten
L 460
57
K 22
Menzelen
K 23
Borth
Wallach
Borther
Rheinberger Altrhein
Voerde
8
L 491
Alpen
Xantener Straße
L 137
Ossenberg
3
58
57
Alpener Straße
Rheinberg
Eversael
L 491
L 155
Budberg
6
5
4
Orsoy
Issum
Issumer Fleuth
Fossa Eugeniana
L 10
L 287
Moersbach
Kamp-Lintfort
Nenneper Fleuth
42
Baerl
L 287
Repelen
510
528
L 399
L 497
Utfort
L 237
Rheurdt
L 474
L 137
Meerbeck
7
8
DB
Römerstraße
Homberger Straße
L 475
Neukirchen-Vluyn
140
L 140
L 398
Moers
40
K 3
L 137

Alles auf einen Blick

WIE & WANN:
Meist asphaltierte Wege sowie einige kurze Wald- und Feldwegabschnitte, bis auf den Anstieg hinter Kleve zum Fürstenberg flache Streckentour; beste Zeit Frühling bis Herbst

HIN & WEG:
Auto: Park + Ride Bf. Xanten (GPS: 51.66077, 6.44443)
ÖPNV: RB 31, RE 44 bis Xanten Bf.; Rückkehr zum Ausgangspunkt: Ab Moers Bf. RB 31 bis Xanten Bf.
Anschlusstour: Erfrischungstour 9 Moers–Linn–Neuss

ESSEN & ENTSPANNEN:
Orsoyer Hof (6) Hafendamm 2, 47495 Rheinberg (Orsoy),
Tel. (0 28 44) 21 11, www.orsoyerhof.de

ENTDECKEN & ERLEBEN:
Fürstenbergkapelle ❶ Fürstenberg 13, 46509 Xanten

Entspannung ✱✱✱✱✱
Genuss ✱✱✱✱✱
Romantik ✱✱✱✱✱

Amphitheater Birten ❷ Römerstraße 4, 46509 Xanten (Birten)
St. Peter ❸ Kirchplatz 8, 47495 Rheinberg
St. Marien ❹ Marienplatz 3, 46495 Rheinberg (Budberg)
Altstadt Orsoy ❺ An der Stadtmauer, 47495 Rheinberg (Orsoy)
Zechen- und Arbeitersiedlung (Kolonie) Meerbeck ❼ Wagnerstraße, 47443 Moers
Grafschafter Museum im Schloss Moers ❽ Kastell 9, 47441 Moers,
Tel. (0 28 41) 20 16 82 00, www.moers.de

Jakobspilger in Neuss

- 50 Kilometer
- 90 Höhenmeter
- 4 Stunden
- Strecke

Die Innenstadt von **Moers** verlassen wir vom Neumarkt her entlang der Straße Kastell, fahren rechts am **Schloss Moers** vorbei in den **Schlosspark** ❶. In diesem im 18. Jahrhundert von Maximilian Weyhe angelegten englischen Landschaftsgarten zeichnen die Wegeführungen die einstigen Wallanlagen im Gelände nach. Nach Überquerung des Grabens fahren wir die Rampe hinauf und weiter über die Gartenstraße, danach Im Ohl bis zum Knoten Nr. 40. Dort biegen wir links ein, nach wenigen Metern rechts und fahren auf dem Bahntrassenradweg weiter ortsauswärts. Nach einer Weile überqueren wir die Venloer Straße und fahren auf dem Radweg entlang der Filder Straße, unter der Autobahn hindurch und an der Haltestelle Vinngarbenstraße weiter geradeaus. An der kommenden Gabelung fahren wir entgegen der Wegweisung links hinein, nun entlang eines landschaftlich bedeutenden Naturschutzgebietes, dem **NSG Schwafheimer Meer und Krähenbusch** ❷. Unverkennbar ist der einstige Verlauf eines Rheinnebenarms, der durch die niedermoortypische Vegetation nachgezeichnet wird. Zusätzlich prägen regionaltypische Kopfbaumbestände dieses landschaftliche Ensemble. Kurz vor Erreichen von **Schwafheim** folgen wir dem Pilgerwegezeichen rechts, anschließend links und in der Folge vorbei an einigen Hofanlagen und Gestüten. In einer Links-rechts-Schleife geht es zu einer Landstraße, diese überqueren wir und erreichen den Duisburger Stadtteil **Rheinhau-**

Pilgerweg Emmerich–Köln Dritte Etappe: Moers–Uerdingen–Linn–Meerbusch–Neuss

Seen & Altarme

Niederrheinische Pilgerwege

sen. Hier fahren wir über das Bahngleis hinweg und biegen dahinter rechts in den Lohfelder Weg ein, am Kreisel links und dahinter rechts. Nun geht es weiter entlang des **Toeppersees** (3), ein in den 1960er-Jahren rekultiviertes Kiesabbaugebiet, das heute als Bade- und Wassersportparadies dient.

Wir folgen dem Wegverlauf entlang des Westufers und biegen am Wegende rechts in die Bahnhofstraße ein, die uns vorbei am Bahnhof **Rumeln** zur Rheinhauser Straße führt, auf die wir links einbiegen und über die wir ortsauswärts (Rumelner Straße) fahren. Links der Strecke zeichnet sich hinter dem Dreverbach die nächste Kiesgrube ab, an der kommenden Kreuzung folgen wir den Radwegweisern über zwei Kreuzungen geradeaus, nach der Bahnüberführung biegen wir in der Rechtskurve links ab, passieren mit dem **Kruppsee** das nächste Baggerloch und biegen am Ende des Sees links ab. Nun geht es auf der Südseite des Sees weiter. Mit Erreichen der ersten Häuser folgen wir der Wegweisung zwischen zwei Garagen rechts. Über einen Pfad erreichen wir die Dahlingstraße, biegen auf diese links ein, um nach wenigen Metern rechts auf den historischen Dorfplatz von **Friemersheim** (4) zuzufahren.

Bis ins 19. Jahrhundert blieb der Ort ländlich ge-

*Als Rittergut wurde **Friemersheim** bereits im 9. Jh. erwähnt. Auf dem Wertschenhof hatten die „Edlen von Vrymershem" inmitten einer Rheininsel ihren Sitz. Kirche, Lehrerhaus, Gasthof sowie weitere Bauerngehöfte bilden ein Ensemble.*

Kruppsee

prägt, erst mit der Ansiedelung des Krupp´schen Hüttenwerks wuchs Friemersheim rasant, die Erschließung mit der Eisenbahn beschleunigte die weitere Entwicklung der Region. Zu Beginn der 1980er-Jahre begann der Niedergang der Region, so schlossen zuerst die Hüttenwerke und kurz danach der bis dato größte Rangierbahnhof Westdeutschlands. 1979 wurde das Überschwemmungsgebiet als **NSG Rheinaue Friemersheim** ausgewiesen.

Die weitere Fahrt folgt dem Verlauf der Wegeführung neben oder auf dem Rheindeich. Vorbei an der **Eisenbahnsiedlung Hohenbudberg** mit ihrem markanten Wasserturm müssen wir uns nach einer Weile entscheiden, auf asphaltierter

Friemersheim

Für die Seele

Entlang des Rheins zwischen Kiesgruben, Altrheinarmen und Landschaftsgärten sehen wir eine ehemalige Montanregion im Umbruch.

Strecke der Radwegweisung zu folgen oder weiter auf dem Wiesenpfad des Rheindeiches zu fahren. Letzteres lohnt sich schon wegen des Panoramas auf und jenseits des Rheins. Etwa am Ende des Klärwerks knickt der Pfad rechts ab, und links über den anschließenden Platz halten wir auf die Kirche **St. Matthias** zu. Diese einst aus dem 12. Jahrhundert stammende, Mitte des 19. Jahrhunderts neu errichtete Basilika, eingezwängt zwischen dem Bayerwerk und Rheinufer, ist die älteste Kirche auf Krefelder Stadtgebiet, dessen Ortsteil **Uerdingen** wir dem Verlauf der Bundesstraße folgend erreichen.

Wir fahren der Wegweisung zunächst geradeaus nach, später entgegen der Wegweisung links durch die Niederstraße. Diese mündet in die Fußgängerzone, durch die wir das Fahrrad schieben. Ab hier orientieren wir uns geradeaus in südliche Richtung, an der Straße Am Wallgraben queren wir im Rechtsversatz die Straße. Über die Linner Straße geht es weiter, danach rechts auf die Mündelheimer Straße, an der Ampel links, unter der Bundesstraße hinweg und weiter entlang der Königsberger Straße nach **Linn.**

Hier biegen wir den Wegweisern folgend links in die Rheinbabenstraße ein, anschließend geht es rechts und durch die **Altstadt** von Linn vorbei am Andreasmarkt, umrahmt von historischen Bürgerhäusern. Hier sowie auf dem angrenzenden Burggelände findet an Pfingsten der überregional bekannte Flachsmarkt statt. Die Burganlage lohnt in jedem Fall einen längeren Zwischenstopp. Die Ursprünge der **Burg Linn** 5 liegen im 12. Jahrhundert. Dann erwarb im Zuge der Säkularisation die Krefelder Seidenhändlerfamilie De Greiff das Anwesen mit angrenzenden Ländereien und ließ das Areal zu einem englischen Landschaftsgarten umgestalten.

Wir verlassen die Altstadt durch das Zolltor (17. Jh.) in südliche Richtung, überqueren den Burggraben und folgen dem Wegweiser links (Eltweg), nun

Burg Linn

wieder durch eine agrarisch geprägte Landschaft. Dieser Verlauf entspricht auch der historischen Wegeführung, die als Hohe Straße am Rand der höher liegenden Niederterrasse geführt wurde. Nach einer Weile folgen wir den Pfeilen links und an der darauf folgenden Gabelung halb links, nun dem Pilgerwegezeichen unmittelbar an der Kante des **NSG Latumer Bruchs** entlang.

Die Route führt später über eine Kreisstraße, dahinter am Wegende rechts nach **Ossum.** Die dortige, aus dem 11. Jahrhundert stammende Kapelle **St. Pankratius** besticht durch ihre Tuffsteinbauweise sowie ihre farbenfrohen Chorfenster. In Höhe der Kapelle biegen wir links ein, hinter dem Graben halb links weiter, am Wegende links und rechts vorbei an **Haus Gripswald,** einer einstigen Wasserburg aus dem 12. Jahrhundert. Im weiteren Verlauf durch den von Seggen und Erlen geprägten **Herrenbusch** folgen wir dem Wanderwegezeichen X bzw. dem Pilgerwegzeichen, verlassen den Wald später links, fahren weiter parallel zur Autobahn und erkennen kurz darauf eine Lindenallee, die zum **Schloss Pesch,** einem weiteren einstigen Adelssitz führt, dessen Geschichte bis zu Beginn des 14. Jahrhunderts zurückgeht.

NSG Latumer Bruch

An der kommenden Gabelung biegen wir links auf den Radweg der Kreisstraße ein und biegen in Höhe des Friedhofs rechts in den Schürkesweg ein. Später queren wir die nächste Kreisstraße und gelangen nach **Strümp,** einem Ortsteil von Meerbusch. An der nächsten Abzweigung fahren wir links in die Straße Am Kapellengraben, folgen deren Verlauf und stoßen nach dem Rechtsknick am Wegende auf die Buschstraße, deren Verlauf wir folgen, an der Ampel geradeaus weiterfahren und über die Straßen Auf der Gath, später im Rechtsbogen über Strümper Berg weiterradeln.

Blick auf Schloss Pesch

Am Wegende biegen wir rechts auf den Radweg neben der Landstraße ein, verlassen diese am nächsten Abzweig links und fahren anschließend in das **NSG Ilvericher Altrheinschlinge** 6 hinein.

Weiter geht es aus dem Bruchwald hinaus über die Felder, dort biegen wir dem Wegweiser folgend rechts ein, hinter dem Gestüt links und anschließend wieder rechts (Isseldyk). Kurz darauf erreichen wir **Haus Meer** 7.

Am Wanderparkplatz orientieren wir uns an der Knoten-Nr. 12 links und erreichen über die Straße Am Breill **Meerbusch.** Entgegen des historischen Wegeverlaufverlaufs geht es den Radwegweisern folgend nach Querung der Stadtbahngleise rechts weiter. Nach Überquerung der Ortsdurchfahrt fahren wir in mehreren Versetzen durch die Besiedlung, später rechts auf die wieder stärker frequentierte Necklenbroicher Straße (L 30). Diese verlassen wir an der Bushaltestelle links über Am Eisenbrand, an der kommenden Gabelung wieder links entlang am dortigen Bach und wir erreichen am Knoten Nr. 20 die **Wallfahrtskapelle Niederdonk** 8. Diese überregional bekannte Kapelle ist nach der Pietà, dem Gnadenbild der schmerzhaften Mutter Maria aus dem 17. Jahrhundert, benannt. Ein Blick ins Innere zeigt uns ein dreiflügeliges Altarbild (Triptychon) aus dem 16. Jahrhundert sowie ein Ölgemälde aus dem frühen 19. Jahrhundert. Der Kreuzweg mit seinen 14 Stationen sowie der angrenzende Dyckhof, eine ehemalige Wasserburg, bilden ein kulturlandschaftliches Ensemble.

Wer möchte, kann an dieser Stelle nicht nur innerlich, sondern auch den weltlichen Genüssen folgend einkehren. **Hotel Café Schwarz** 9 und **Gut Dyckhof** 10 jeweils mit Außengastronomie laden mit regionaler Küche oder zu Kaffee und Kuchen ein. Da-

*Das **NSG Ilvericher Altrheinschlinge** ist die einzige vollständig geschlossene Altstromschlinge mit unveränderter Geomorphologie in der Region Niederrhein. Der zentrale Bereich, der Erlen-Weiden-Bruchwald, ist fast durchgängig nicht passierbar.*

*Zu Beginn des 12. Jh. wurde **Haus Meer** als Prämonstratenserinnenkloster gebaut. Das nach ihrer Gründerin Hildegunde von Ahr und Meer benannte Anwesen wurde namensgebend für die heutige Stadt Meerbusch. Heute noch zu sehen ist der Gartenpavillon.*

Niederdonk

nach geht es weiter links, um den **Dyckhof** herum, am Wegende rechts und weiter über ruhige Wege inmitten von Wiesen, Feldern und Kiesgruben. Am Wegende biegen wir rechts ein, in Höhe der eingezäunten Kiesgrube folgen wir dem Wegweiser links über die Bahngleise und erreichen an der Kreuzung (Knoten-Nr. 21) das Gestüt **Lauvenburg.** Umfang des Gebäudes sowie des angrenzenden Areals lassen seine mittelalterliche Herkunft (13. Jh.) erahnen.

Der erste Spatenstich zum Bau des ***Nordkanals*** *erfolgte im Jahr 1806 unter napoleonischer Herrschaft. Durch die Änderung der politischen Wetterlage erübrigte sich kurze Zeit später der Weiterbau, zurück blieb ein Grabenwerk, das im 20. Jh. zum Abwasserkanal mutierte. Nach Verbesserung der Wasserqualität wurde ein überregionaler Radweg angelegt.*

An der Kreuzung folgen wir den Wegweisern links, fahren unter der Autobahn hindurch und anschließend über die Straße Brücke in den Neusser Stadtteil **Vogelsang.** Am Wegende stoßen wir auf die Kaarster Straße, auf die wir links einbiegen, an der kommenden großen Kreuzung halten wir uns halb links, nach weiteren 200 Metern rechts in die Straße Am jröne Meerke. Wir folgen dem Verlauf der Radwegweisung durch das Wohngebiet, biegen später rechts ab und erreichen das Jröne Meerke, eine Teichanlage inmitten des Neusser Stadtwalds. Diese einstige Kiesgrube ist heute eingebunden in den Grünzug von Neuss, der sich entlang des angrenzenden Nordkanals von der nördlichen Stadtgrenze bis an den Rhein erstreckt.

Nun ist es nicht mehr weit bis zu unserem Etappenziel. In Höhe des Rastplatzes fahren wir zunächst links, weiter am Ufer des **Nordkanals** entlang, wechseln später die Uferseite, fahren unter einer Bundesstraße und den Gleisen hindurch bis zum Knoten Nr. 39. Wer seine Tour abbrechen und abreisen möchte, biegt links auf die Rheydter Straße ein und folgt der Wegweisung bis zum **Neusser Hauptbahnhof.** Wer noch weiter in die Innenstadt möchte, kann ab hier über den Marienkirchplatz weiterfahren, dort rechts und anschließend links über die Krefelder Straße, immer zwischen den Stadtbahnschienen entlang in den Fußgängerbereich der **Neusser Innenstadt** fahren bzw. schieben. In Höhe der Oberstraße liegt links das **Quirinusmünster** (11) (siehe auch Tour 4).

Quirinusmünster

Moers
Homberger Straße
DB
P
P
1
L 140
L 398
40
Duisburg
Ruhr
59
3
K 3
L 475
L 137
L 237
2
57
Schwafheimer Meer
Bergheim
Rheinhausen
3
Toeppersee
Rumeln-Kaldenhausen
Moerser Straße
Friemersheim
4
L 473
Hohenbudberg
L 137
Uerdingen
288
524
9
Bockum
57
Krefeld
5
Linn
L 443
Rhein
Oppum
8
Bismarckstraße
Uerdinger Straße
Bösinghoven
L 476
44
Ilverich
6
Strümp
Ilvericher Altrheinschlinge
44
52
L 26
Osterath
7
Meerbusch
L 154
L 30
9
10
1
7
8
1
52
Kaarst
L 44
L 390
L 137
Düsseldorf
L 44
Nordkanal
DB
Neuss
11
L 380
L 381
1
326
8

Alles auf einen Blick

WIE & WANN:

Meist asphaltierte Wege sowie einige kurze Feld- und Waldwegabschnitte, entlang des Rheins bei Uerdingen wahlweise Trampelpfad auf dem Deich, in Krefeld autofrequentierte Straßen mit Radwegen; beste Zeit Frühling bis Herbst

HIN & WEG:

Auto: Park + Ride am Bf. Moers (GPS: 51.45173, 6.64080),
Parkplatz Mühlenstraße, Moers (GPS: 51.45470, 6.62554)
ÖPNV: RB 31, RB 44 bis Moers Bf.; Rückkehr zum Ausgangspunkt: Ab Neuss Hbf. RE 7 bis Krefeld Hbf., weiter mit RB 33, RB 35, RE 42 bis Duisburg-Rheinhausen, weiter mit RB 31, RE 44 bis Moers Bf.
Anschlusstouren: Erfrischungstour 10 Neuss–Zons–Köln; Entschleunigungstour 4 (Essen-Werden–) Neuss–Langwaden–Grevenbroich

ESSEN & ENTSPANNEN:

Hotel Café Schwarz ❾ Niederdonker Straße 74, 40667 Meerbusch (Büderich), Tel. (0 21 32) 7 27 17

Entspannung ✱✱✱✱✱
Genuss ✱✱✱✱✱
Romantik ✱✱✱✱✱

Gut Dyckhof ❿ Restaurant & Hotel, Am Dyckkhof 3, 40667 Meerbusch (Büderich), Tel. (0 21 32) 97 77, www.gutdyckhof.de

ENTDECKEN & ERLEBEN:

Schlosspark Moers ❶ 47441 Moers
NSG Schwafheimer Meer und Krähenbusch ❷ 47447 Moers (Schwafheim)
Toeppersee ❸ Lohfelder Weg, 47239 Duisburg (Rheinhausen)
Friemersheim ❹
Museum Burg Linn ❺ Rheinbabenstraße 85, 47809 Krefeld (Linn), Tel. (0 21 51) 15 53 90, www.museumburglinn.de
NSG Ilvericher Altrheinschlinge ❻ 40670 Meerbusch Ilverich
Haus Meer ❼ 40667 Meerbusch (Büderich)
Wallfahrtskapelle Niederdonk ❽ Niederdonker Straße 99, 40667 Meerbusch (Niederdonk)
Quirinusmünster ⓫ Münsterplatz, 41460 Neuss, www.neuss-mitte.de

Juddeturm in Zons

- 50 Kilometer
- 77 Höhenmeter
- 4 Stunden
- Strecke

Wer vom **Hauptbahnhof Neuss** startet, orientiert sich am besten an der Fahrradwegweisung in Richtung Innenstadt oder überquert zunächst am Hauptausgang die Straße, orientiert sich am Marienkirchplatz rechts, anschließend links. Über die Krefelder Straße immer den Straßenbahnschienen später durch die Fußgängerzone bis zum **Markt** folgen, links der Strecke liegt das **Quirinusmüster 1**.

!

Pilgerweg Emmerich–Köln Vierte Etappe: Neuss–Zons–Worringen–Niehl–Köln

Die Innenstadt von Neuss verlassen wir vom Markt her rechts, durch die Fußgängerzone (Büchel), und die nächste Kreuzung links. Über die Neustraße gelangen wir zur Promenadenstraße, nach deren Querung folgen wir links der Wegweisung entlang des **Erftmühlengrabens.** Der Verlauf verschwenkt einige Ma-

Am nassen Limes

Von Novaesium nach Colonia

le, später geht es links an der Stadthalle bzw. am Dorint-Hotel vorbei. Nun fahren wir entlang des Radwegs neben der Selikumerstraße rechts bis zum Knoten Nr. 33, dort zeigt uns der Wegweiser links die Richtung entlang des **Nordkanals.** Nach einer Weile müssen wir die Seite wechseln, fahren jedoch parallel zum Kanal weiter. Vor dem Sporthafen geht es zunächst rechts, dann über die Grimlinghauser Brücke, schließlich links in Höhe der **ehemaligen Römerbrücke** über die Erft. Vorbei am ehemaligen Römerlager bleiben wir in Höhe der Erftmündung auf dem Rhein-Radweg, später entgegen der Wegweisung geradeaus weiter neben der Bundesstraße B 9. Links des Radwegs befindet sich die Rekonstruktion eines **Römerturms**

(1.–3. Jh.). Von hier aus wurde einst der Römer-Limes bewacht.

Über die Autobahn hinweg verlassen wir am Knoten Nr. 81 die Bundesstraße links über den Wahlscheider Weg. Wenig später erreichen wir über die Deichstraße den Neusser Ortsteil **Uedesheim.** Hier stoßen wir an den Rhein, die dortige Fährverbindung in das gegenüberliegende Himmelgeist wurde mit Einweihung der Fleher Brücke obsolet und verkehrt heute nur nach Bedarf an Sonn- und Feiertagen. Wer hier eine Pause einlegen will, dem sei ein Besuch auf den dortigen **Rheinterrassen** ② empfohlen. Nach dem Ausblick über den Rhein geht es schließlich rechts über die Rheinfährstraße bis zur Ampel an der Kreuzung, dort links und am Ortsende weiter in Fahrtrichtung, am Ende des Weges wieder links auf dem Radweg neben der B 9. Diese verlassen wir an der nächsten Kreuzung geradeaus, in Höhe der Ortschaft **St. Peter** zunächst die Seite wechselnd über die Kreuzung, dahinter links. Am Discounter vorbei über die Delrather Straße gelangen wir nach **Stürzelberg,** biegen am Wegende links, anschließend rechts auf die Biesenbachstraße, die uns in die Ortsmitte und zurück an den Rhein führt. Das dortige Denkmal dokumentiert die Geschichte der Treidler, deren Pferde unter größten Mühen seit dem Mittelalter bis zur Neuzeit Mitte des 19. Jahrhunderts die Schiffe über den Leinenpfad stromaufwärts ziehen („treideln“) mussten.

Im weiteren Verlauf bleiben wir auf der Deichstraße, folgen deren direktem Verlauf vorbei am Forsterhof, wo im Frühjahr Spargel und Erdbeeren angeboten werden. Am Ortsbeginn von Zons folgen wir dem Pfeilwegweiser durch die Deichmauer halb links.

Rheintor …

Für die Seele

Vorbei an Römerbrücken und -türmen, Fähren und Rheinbrücken sowie durch die Feste Zons lassen wir uns entlang des Großen Stroms bis nach Köln treiben.

…und Südtor von Zons

Zons lag bis ins 14. Jh. unmittelbar am Rhein und profitierte von den Zolleinnahmen – bis die Franzosen und anschließend die Preußen das Zollprivileg aufhoben. Mit der Kommunalreform 1975 verlor Zons seine kommunale Selbstständigkeit.

Über den Herrenweg erreichen wir die Gaststätte an der Rheinfähre. Zunächst passieren wir den Anleger und radeln weiter in Fahrtrichtung durch das Rheintor (Zollturm) in das „Rheinische Rothenburg", wie die mittelalterliche **Feste Zons** seit dem Ende des 19. Jahrhunderts bezeichnet wird.

Der fast quadratische Grundriss der Feste Zons, seine Stadtmauer, Schloss Friedestrom und die gut erhaltenen Tore locken heute viele Besucher an. Die Windmühle im Südwesten wurde im 15. Jahrhundert als holländische Flügelkappe auf einen Eckturm der Stadtmauer aufgesetzt. Dass Zons kein Geheimtipp ist, merkt man vor allem an Sonn- und Feiertagen sowie in der Ferienzeit, trotzdem lohnt sich ein kurzer Rundgang durch die mittelalterlichen Gassen, vor allem entlang der Stadtmauer sowie über den Schlossplatz mit seinem im **Schloss Friedestrom** ③ untergebrachten Kreismuseum.

Wir durchqueren den historischen Ortskern entlang der Rheinstraße, hierbei passieren wir auch das **Restaurant Café Schloss-Destille** ④. Die dortige Außenterrasse im Innenhof lädt zu einer Pause ein. Später verlassen wir rechts über die Schlossstraße den Ortskern

Entlang des Rheins

und biegen links in die Wiesenstraße ein. Zunächst folgen wir der Straße in einem Linksbogen entlang der mittelalterlichen Stadtmauer, knicken an der Gabelung rechts ab und fahren weiter in Richtung Rheinfeld. Ein letzter Blick zurück auf das mittelalterliche Ortsbild zeigt uns die alte Windmühle sowie einen gut erhaltenen Teil der Stadtmauer, danach lassen wir uns mitten durch die Auenlandschaft mit ihren markanten Kopfweiden, Auenwiesen sowie den zahlreichen Pappeln gleiten. Am Bauernhof biegen wir links ein, danach rechts, erreichen den Auenwald, wo wir links und hin zum Rheindeich fahren, auf den wir rechts einbiegen.

In Höhe des Fähranlegers und **Landgasthauses Piwipp** ❺ müssen wir den Deich verlassen und fahren in der Folge auf dessen Flussseite weiter, später wieder auf den Deich hinauf bis zur großen Einfahrt an der Bundesstraße B 9 zum Chemiewerksgelände von INEOS. Die über die Bundesstraße B 9 zum Hafen verlaufenden Pipelines wirken wenig einladend, wir überqueren an der Ampel die B 9 und biegen links ein. Über den recht breiten Radweg geht es weiter bis **Worringen,** dort verlassen wir die B 9 im Linksknick über Lievergesberg geradeaus, fahren am Wegende zunächst links, folgen dem Rechtsknick der Hackenbroicher Straße am Wegende in Höhe der Kirche **St. Pankratius** ❻ erneut links, biegen dann entgegen der Wegweisung sofort wieder rechts in den Schmalen Wall ein.

Worringen ist auch von geschichtlicher Bedeutung, da hier 1288 eine der blutigsten Schlachten („Schlacht von Worringen") des deutschen Mittelalters stattfand, in der ein Bündnis verschiedener Fürs-

*Lohnenswert für eine Einkehr ist **Haus Piwipp** mit Außenterrasse direkt am Rhein. Besonders lecker sind Forelle sowie im Frühjahr regionale Spargelgerichte.*

*Das ländlich wirkende **Worringen** ist gleichzeitig der nördlichste Stadtteil Kölns. Mehrflügelige Hofanlagen bestimmen das Ortsbild und bilden mit der Pfarrkirche St. Pankratius (14. Jh.) ein Ensemble. Der Ort wurde im 10. Jh. erstmals urkundlich erwähnt.*

Der **Worringer Bruch** hat die Form eines riesigen Hufeisens. Die Pappelbestände sind Teil des Naturschutzgebiets, denn schon zu Römerzeiten floss der Rhein nicht mehr durch den hiesigen Altarm, sondern weiter östlich.

ten den Kölner Erzbischof besiegte und damit die Machtverhältnisse am Niederrhein neu regelte: Der damalige Erzbischof wurde aus Köln vertrieben, die Kölner erlangten die städtische Freiheit; erzbischöfliche Residenzstadt wurde nun Bonn, und Düsseldorf erhielt das Stadtrecht. Ein Denkmal in der Ortsmitte vor der Kirche St. Pankratius erinnert an dieses Ereignis, welches in Höhe des **Worringer Bruchs** stattfand.

Nach Überquerung des Pletschbachs biegen wir links ein, am Wegende wieder links und folgen nun der Radwegweisung über den Langeler Weg hin zum Rheindamm, den wir in Höhe des Pumpwerks erreichen. Ab hier geht es weiter bis **Langel,** in Höhe des dortigen Fähranlegers machen wir einen Linksrechts-Haken und fahren anschließend weiter bis **Rheinkassel.** Hier lohnt ein kurzer Abstecher zur **Basilika St. Amandus** 7 (11./12. Jh.), die auf der hochwasserfreien Anhöhe liegt.

Rheinkassel

Weiter auf ruhigen Wegen entlang des Rheins erreichen wir den Kölner Ortsteil **Merkenich,** hier werden wir über eine ausgeschilderte Umleitung in den Ort hineingeführt. Im Ort fahren wir rechts in die Ringstraße, an deren Ende wieder rechts und biegen an der Stadtbahnhaltestelle links auf den neu angelegten Bahntrassenweg ein. Wir stoßen auf die Emdener Straße, nach Seitenwechsel geht es nun eine Weile durch das Gebiet der Kölner Fordwerke. An dessen Ende biegen wir links in die Geestemünder Straße ein und erreichen wieder den Rhein. Rechts auf dem linksseitigen Radweg passieren wir nach wenigen 100 Metern in **Niehl** die Kirche **Alt St. Katharina** 8 aus dem 12. Jahrhundert, von den Einheimischen auch „Niehler Dömchen" genannt, eine typisch romanische Landkirche der Kölner Region.

Kurz danach müssen wir uns entscheiden, ob es weiter am Rheinufer entlanggeht oder eine etwas kürzere Variante, die auf fast direktem Weg in die Kölner Innenstadt führt. Letztere leitet uns am Abzweig des Rhein-Radwegs in Höhe der Hafenbrücke geradeaus, an der Kreuzung folgen wir den rot-weißen Wegweisern in Richtung Nippes/Innenstadt. Durch ruhige Straßen geht es durch **Weidenpesch,** später unter der Stadtbahn hindurch in den Nordpark von **Nippes,** an dessen Ende über die Stadtautobahn (Innere Kanalstraße) hinweg bis zum Kölner Innenstadtgrüngürtel. In Höhe des Lentpark-Stadions liegt rechts der Strecke mit **Fort X** ein Relikt aus der Preußenzeit, welches in den 1920er-Jahren in die Planung des innenstädtischen Grünsystems einbezogen wurde. Vorbei am Oberlandesgericht queren wir die Riehler Straße, folgen dem Wegweiser rechts, queren den Theodor-Heuss-Ring und biegen dahinter rechts auf den Thürmchenswall ein. Hier wird der Verlauf der einstigen mittelalterlichen Stadtmauer (stand bis 1881) aufgenommen, eines der drei bis heute erhaltenen Stadttore, das **Eigelsteintor,** passieren wir kurz danach.

Innerer Grüngürtel

Nun stoßen wir auf die alte römische Nord-Süd-Verbindung, den Cardo maximus, zu Römerzeiten die einzig durchgängig befestigte Straße Kölns. Ab hier lassen wir uns über die jüngst verkehrsberuhigte Straße Eigelsteintor immer in südliche Richtung treiben. Vorbei am Ursulaplatz mit der gleichnamigen Kirche und vorbei am Generalvikariat des Erzbistums erreichen wir kurz darauf das Ziel unserer Reise, den **Kölner Dom** (9). Er war bei seiner Vollendung 1880 mit 157 Metern das höchste Bauwerk weltweit. Errichtet mit insgesamt 250.000 Tonnen Gestein, davon rund die Hälfte im Fundament, sowie mit 10.000 Quadratmeter verbautem Glas ist dieses Bauwerk seit 1996 als UNESCO-Weltkulturerbe gelistet. Der im Jahr 1248 begonnene Bau der gotischen Kathedrale lockte wegen des in ihm aufgebahrten Dreikönigsschreins viele Pilger an. Allerdings stockte seit dem 14. Jahrhundert sein Weiterbau um fast 300 Jahre. Erst unter Kaiser Wilhelm wurde der Kölner Dom vollendet.

St. Mariä Himmelfahrt

Mit der Gründung von **Köln** durch die Römer vor etwa 2000 Jahren am strategisch günstig gelegenen Westufer der Rheinschleife begann eine rasante Entwicklung über das Mittelalter hinweg bis zur Gegenwart als Millionenstadt. Neben dem Dom sowie seinen romanischen Kirchen und zahlreichen Museen wurde das „Drehkreuz des Westens" zu einer bedeutenden Wirtschafts- und Handelsmetropole. Prägend für das Stadtbild bleibt seine Lage am Rhein.

Kölner Dom

Düsseldorf
Erkrath
Neuss
Rhein
Holthausen
Hilden
Uedesheim
Erft
Urdenbach
Sankt Peter
Zons
Baumberg
Langenfeld (Rheinland)
Dormagen
Monheim am Rhein
Worringen
Alte Römerstraße
Rheinkassel
Industriestraße
Leverkusen
Rommerskirchen
Pulheim
Niehl
Nippes
Aachener Straße
Köln
Frechen
L 137
L 293
L 85
L 380
K 12
L 280
L 183
L 43
L 93
L 213
L 361
L 100
L 111

Alles auf einen Blick

WIE & WANN:
Meist asphaltierte Wege sowie einige kurze Park- bzw. Feldwegabschnitte, am Bayerwerk Dormagen teilweise schmaler Radweg entlang der Bundesstraße, Ortsdurchfahrt in Worringen auf kurzem Stück Straße ohne Radweg; beste Zeit Frühling bis Herbst

HIN & WEG:
Auto: Parkplatz am Hbf. Neuss (GPS: 51.20381, 6.68358), Parkplatz Hessentordamm, Neuss (GPS: 51.19831, 6.69660)
ÖPNV: RE 4, RE 6, RE 7, RE 13, RB 39, S 8, S 11, S 28 bis Neuss Hbf.;
Rückkehr zum Ausgangspunkt: Ab Köln Hbf. RE 7, S 11 bis Neuss Hbf.
Anschlusstour: Auszeittour 2 (Altenberg–)Köln–Kerpen

ESSEN & ENTSPANNEN:
Rheinterrassen ❷ Deichstraße 16, 41468 Neuss-Uedesheim, Tel. (0 21 31) 1 33 70 26

Entspannung ★★★☆☆
Genuss ★★★☆☆
Romantik ★★★★☆

Hotel-Restaurant Café Schloss-Destille ❹ Mauerstraße 26 a, 41541 Dormagen (Zons), Tel. (0 21 33) 4 76 58, www.schlossdestille.de
Landgasthaus Piwipp ❺ Haus Piwipp 1, 41539 Dormagen, Tel. (0 21 33) 21 92 29, www.hauspiwipp.metro.rest

ENTDECKEN & ERLEBEN:
Quirinusmünster ❶ Münsterplatz, 41460 Neuss, www.neuss-mitte.de
Schloss Friedestrom ❸ Parkstraße 2, 41541 Dormagen (Zons), Tel. (0 21 33) 50 30, www.friedestrom.de
St. Pankratius ❻ Sankt-Tönnies-Straße 35, 50769 Köln (Worringen), www.pankratius.info
Basilika St. Amandus ❼ Amandusstraße 2, 50769 Köln (Rheinkassel), Tel. (02 21) 78 23 22, www.romanische-kirchen-koeln.de
Alt St. Katharina ❽ Halfengasse 27, 50735 Köln (Niehl)
Kölner Dom ❾ Domkloster 4, 50667 Köln, www.koelner-dom.de

Schillingskapellen

Pilgerweg Bonn–Kronenburg

107 Kilometer, zwei Etappen

Auf diesem Pilgerweg werden die Pilgerzentren und Dommetropolen Köln und Trier mit einer Nebenroute vom Bonner Münsterplatz aus verbunden. Während die Pilgerwege sich meist an den historischen Verläufen älterer Handels- und Heerwege orientierten, werden durch die recht hügelige Eifel abweichende Routen beschrieben, die mit dem Fahrrad leichter und stressfreier zu bewältigen sind. Zudem werden in der Voreifel einige historische Wallfahrtsstätten tangiert, außerdem laden mit Rheinbach, Bad Münstereifel, Blankenheim sowie dem pittoresken Künstlerdorf Kronenburg gleich vier Orte mit viel Geschichte und Sehenswertem ein. Römische Spuren finden sich im Gelände ebenso wie in den Eifelorten. Im Mittelalter gab es entlang dieser Route viele Pilgerherbergen.

Panorama an der Steinbachtalsperre

- 55 Kilometer
- 500 Höhenmeter
- 5 Stunden
- Strecke

Vom Start am **Hauptbahnhof Bonn** orientieren wir uns zunächst in Richtung Busbahnhof/Kaiserplatz, dort links und vis-á-vis zur Hofgartenwiese. Vom Kurfürstlichen Schloss, in dem seit 1818 das Hauptgebäude der Universität Bonn beheimatet ist, starten wir unsere Tour auf der barocken Achse. Rechts der Strecke sehen wir die markante Turmhaube des **Bonner Münsters St. Martin** ①, mittlerweile über 900 Jahre alt und auf einem römischen Gräberfeld errichtet. Sehenswert ist der dortige romanische Kreuzgang aus dem 12. Jahrhundert. Zurück und unter dem Hauptbahnhof hindurch (schieben!) fahren wir anschließend durch die von Kastanienbäumen gesäumte Poppelsdorfer Allee hin zum **Poppelsdorfer Schloss**, ein weiterer Barockbau des 18. Jahrhunderts, errichtet auf Fundamenten einer einstigen Wasserburg. Die Anlage ist Bestandteil der Bonner Universität. Im angrenzenden Park ist heute der Botanische Garten mit etwa 8000 verschiedenen Pflanzen zu sehen.

Kurfürstliches Schloss

Römerspuren

Vom barocken Bonn in die Voreifel

Wir folgen der rot-weißen Radwegweisung ergänzt mit dem Logo gelbes Dreieck auf blauem Grund über **Endenich.** Die Wegweisung führt uns später vorbei an im Frühsommer bunten Ackerrainen, nach Überquerung der Bahnlinie geht es in den ländlichen Bonner Ortsteil **Meßdorf.** Vorbei am Bauernhof biegen wir links auf die Gielsdorfer Straße ein, später nochmals

!

Pilgerweg Bonn–Kronenburg Erste Etappe: Bonn–Kottenforst–Rheinbach–Bad Münstereifel

links und weiter bis zur Umgehungsstraße. Diese überqueren wir vorsichtig und orientieren uns anschließend rechts, nun in einem Linksbogen weiter und an der kommenden Kreuzung mit der Hinweistafel zum Jakobs-Pilgerweg links. Kurz danach biegen wir rechts auf den Laurentiusweg ein, der uns nach **Gielsdorf** führt, ab dort geht es links über die Kirchgasse mächtig bergan. Entlang der Kirchgasse liegt **St. Jakobus 2,** eine Kirche mit Ursprung aus dem 12. Jahrhundert, als die damalige Kapelle erweitert wurde. Um ins Gotteshaus zu gelangen, muss man den Eingang durch den Wehrturm der damaligen Höhenburg benutzen. Vor der Kirche steht ein Jakobus-Bildstock.

Poppelsdorfer Schloss

Wir folgen dem Verlauf an der Kirche links vorbei, weiter bergan und biegen am Wegende links ein. In Höhe der Feuerwehr folgen wir der Pilgerwegmarkierung über den Feldweg, dieser gabelt sich und leitet uns rechts weiter in den Wald hinein. Nach gut 2 Kilometern mündet der Weg rechts auf die Breite Allee im **Kottenforst** ein.

Über die Schmale Allee geht es in nordwestliche Richtung weiter, an der kommenden größeren Kreuzung links. Rechts der Strecke lassen sich Reste der einstigen römischen Wasserleitung erkennen, über die das damalige römische Köln mit Eifeler Frischwasser versorgt wurde. Vorbei am Rastplatz **Eiserner Mann,** einem früheren Orientierungspunkt, folgen wir der Wegweisung bis **Dünstekoven.** Nachdem wir bergab aus dem Wald gerollt sind, biegen wir in Höhe des Biotops links ein und folgen der Wegweisung nach **Gut**

Zu Beginn des 18. Jh. wurden der etwa 4000 ha große ***Kottenforst*** *systematisch vermessen und Schneisen für die kurfürstliche Hatzjagd angelegt. Die breiten Alleen verlaufen meist schnurgerade, links und rechts der Wege wurden Gräben aufgeschüttet.*

Capellen. In der damaligen Klosterherberge von **Schillingskapellen** ③ haben im Mittelalter wohl etliche Pilger um ein Nachtlager gebeten. Einer Legende nach erfolgte die Klostergründung durch den damaligen Ritter Wilhelm Schilling, der unversehrt von einem Kreuzzug heimkehrte und dem an diesem Ort das Bild der Mutter Gottes zwischen zwei brennenden Kerzen in einen blühenden Rosenstrauch erschien (Rosa mystica). Die Klostergebäude sind größtenteils noch erhalten; von der ehemaligen Stiftskirche existieren nur noch Fragmente. Ende der 1990er-Jahre wurde die Anlage saniert und zu mehreren Wohneinheiten umgebaut.

Wir folgen der Wegweisung der „Apfelroute", fahren am Weiler **Hohn** links weiter bis zur Geländekante, dort rechts und sehen links der Route eine Kapelle. Die dortige Bank unter den Schatten spendenden Bäumen nutzen wir für eine Panoramapause: Nicht weit von hier weist uns eine Info-Tafel auf das damalige Bauwerk des **Römerkanals** hin, welches an dieser Stelle das Vorgebirge technisch überwinden konnte.

Für die Seele

Über die waldreiche Ville und durch den Obstgarten der Voreifel führen unsere Wege in das rheinische Rothenburg.

Wir folgen den Wegweisern nach **Buschhoven** und durchfahren über die Dietkirchenstraße den Ort. Den Pilgerwegzeichen folgend fahren wir später vorbei am **Rosenhof,** danach geht es um eine Kiesgrube herum, später überqueren wir vorsichtig die Landstraße, am kommenden Abzweig biegen wir rechts in den Ort **Lüftelberg** ein.

In Höhe der Schlossstraße führt unsere Route nun links und bergab vorbei an **Burg Lüftelberg** ④. Deren Geschichte reicht zurück bis ins 13. Jahrhundert; ihr heutiges Aussehen erhielt das Jagdschloss gegen Ende des 18. Jahrhunderts. Wir setzen unsere Fahrt entlang der Flerzheimer Straße fort. Rechts der Route sehen wir das funktionstüchtige Mühlenrad der früheren **Burgmühle,** deren Wasser von der Swist durch einen 4 Kilometer langen, heute noch bestehenden Mühlengraben in den Burgteich geleitet wird. Am Wegende biegen wir links auf die Landstraße ein, fahren an der nächsten Kreuzung zuerst geradeaus weiter, an der Bushaltestelle rechts in die Ortsmitte von **Flerzheim.** Schon an der nächsten Kreuzung folgen wir der „Apfelroute" links, nach versetzter Querung der Landstraße radeln wir durch die Spalierobstplantagen der hiesigen Obstbauern. Besonders im Spätsommer und im Herbst leuchten die Äpfel in verschiedenen Farben. Im Hintergrund links der Strecke können wir die Ruine Tomburg erkennen. Von dort aus terrorisierten im Mittelalter die dortigen Raubritter die Bevölkerung.

Waldkapelle Rheinbach

Kurz vor dem Bahnübergang biegen wir rechts ein und fahren parallel zur Voreifelbahn nach Rheinbach. In Höhe des Parkplatzes unterqueren wir links die Bahngleise. Vom **S-Bahnhof Rheinbach** aus biegen wir links in die Bahnhofstraße ein und erreichen nach einigen Versetzen über die Bachstraße den Himmeroder Platz in Höhe des **Hexenturms.**

Das noch von zahlreichen Fachwerkbauten geprägte **Rheinbach** wurde im 8. Jahrhundert erstmals erwähnt, auch einige Überreste der im 13. Jahrhundert errichteten Stadtmauer und -türme sind noch heute zu sehen. Durch den Ort verlief im Mittelalter die recht bedeutende Heerstraße von Ost nach West; diese fungierte gleichzeitig als Krönungs-, Handels- und Pilgerstraße.

Im Mittelalter erlangte Rheinbach traurige Berühmtheit durch seine Hexenprozesse. In der Nachkriegszeit siedelten sich aus Böhmen vertriebene Glasbläser an, welche die Glaskunst etablierten. Das **Glasmuseum** 5, zentral inmitten des einstigen Klosters, dem heutigen **Himmeroder Hof** gelegen, dokumentiert diese Entwicklung.

Nach diesen Eindrücken geht es vom Hexenturm aus in der Folge leicht ansteigend durch eine Allee ortsauswärts. Am Waldrand fahren wir geradeaus in den Wald hinein, folgen nunmehr den Pilgerzeichen, später bergan, bis zur **Waldkapelle** 6. Umgeben von zwölf Kreuzwegstationen ist diese Kapelle aus dem 17. Jahrhundert bis heute Ziel von Wallfahrten. Eine Infotafel informiert uns über das damalige Kloster, dort fanden früher wohl zahlreiche Pilger eine Unterkunft. Von der Kapelle aus geht es ein Stück zurück bis zum Merzbacher Weg, über den wir nach **Merzbach** gelangen. Noch vor dem Ort verlassen wir den Radweg neben der Straße rechts, fahren am Waldrand entlang, später links und immer mit Blick auf den Ort links der Strecke. Dabei müssen wir kräftig in die Pedale treten; erst mit dem Richtungswechsel auf dem Zenit nach rechts lassen wir uns bergab nach **Loch** rollen. Nach Überquerung der Hauptstraße geht es über

Steinbachtalsperre

den Kapellenweg wieder spürbar bergauf, vorbei an der Pfarrkirche **St. Joseph** gelangen wir nach **Queckenberg.**

Weiter über die Madbachstraße rollen wir am Ortsende bergab zur gleichnamigen Talsperre, noch vor Querung des Bachs biegen wir jedoch rechts ein und fahren später am Waldrand entlang. Hierbei können wir unseren Blick weit in die Kölner Bucht schweifen lassen. Später wird der Weg holprig, am Wegende biegen wir zunächst links ein, danach orientieren wir uns rechts, überqueren den Steinbach und stoßen auf die Radroute. Hier fahren wir links, an der nächsten Verzweigung halb rechts, nun wieder erkennbar bergan. Links im Tal können wir einen Blick auf das Anwesen des **einstigen Zisterzienserinnenklosters Schweinheim** werfen. Heute werden in den verbliebenen Räumlichkeiten Auszeitseminare angeboten. Am Ende des Aufstiegs orientieren wir uns links in Richtung Steinbachtalsperre. Diese wurde für die einst florierende regionale Textilindustrie zur regelmäßigen Wasserversorgung angelegt. Heute lädt an heißen Sommertagen das dortige **Waldfreibad** 7 zu einer Badepause ein, am Wegende des Talsperrenwegs kann man im dortigen **Waldgasthaus** 8 einkehren. Diese Pause haben wir uns nach den zahlreichen Anstiegen verdient.

Bad Münstereifel

Anschließend verlassen wir über die Kreisstraße das Waldgasthaus in Höhe des Besucherparkplatzes, biegen, dem Verlauf der Hauptstraße folgend, rechts in Richtung Arloff ein und verlassen diese in der Rechtskurve links über den Waldweg. An der kommenden Gabelung zeigen uns die Pilgerwegezeichen den weiteren Verlauf des Hauptwanderwegs an, der auch mit dem Rad gut zu fahren ist und uns immer wieder grandiose Ausblicke in die Voreifel ermöglicht.

Der Weg führt dann aus dem Wald hinaus, am Waldrand müssen wir später den Weg rechts verlassen und folgen dem Holzwegweiser Richtung **Iversheim.** Diesen Ort erreichen wir bergab über den Buschhöhlenweg. Unten angekommen, orientieren wir uns links immer entlang der hier von Bruchsteinmauern eingezwängten Erft. Vorbei an der Kirche **St. Laurentius** biegen wir am Wegende links ein, durchfahren den Ort und folgen später der Wegweisung über die kurz bergan führende Alte Landstraße.

Erftbrücke in Bad Münstereifel

Nun ist es nicht mehr weit zu unserem Etappenziel. Wir wechseln später die Straßenseite, fahren links über die Kölner Straße, am kommenden Kreisel rechts über das Bahngleis und erreichen links einbiegend nach wenigen 100 Metern den Ortseingang von **Bad Münstereifel** **9**. Der Ort gilt als rheinisches Rothenburg, da sein Ortsbild historisch weitgehend erhalten geblieben ist. Am besten schiebt man sein Rad durch das **Werther Tor** mitten durch den historischen Ortskern, der gleichzeitig von der Erft durchflossen wird. Neben den Fachwerkhäusern sind noch heute **Reste der mittelalterlichen Stadtmauer** sowie sämtliche Stadttore zu sehen. Ebenfalls aus dieser Epoche stammen einige Bauten wie z. B. das **Romanische Haus** (1167) sowie die Stiftskirche **St. Chrysanthus und Daria** (1100). Hier bzw. im **Münstereifeler Brauhaus** **10** endet unsere abwechslungsreiche Etappe.

*Im **Münstereifeler Brauhaus** gibt es nicht nur selbst gebrautes Bier, sondern auch Flammkuchen und deftige Hausmannskost. Lecker ist auch der hausgemachte Brauhaussenf.*

Bonn
Bad Godesberg
Rhein
Kottenforst
Alfter
Gielsdorf
Metternich
Heimerzheim
Waldville
Swisttal
Buschhoven
Flerzheim
Lüftelberg
Meckenheim
Rheinbach
Merzbach
Rheinbacher Wald
Loch
Kirchheim
Steinbach
Talsperre Steinbach
Iversheim
Bad Münstereifel
Berg
Kalenborn
Euskirchen
Erft
Swistbach
Orbach
DB
P
L 183
K 12
L 182
L 261
L 210
L 264
L 194
L 113
L 163
L 493
L 158
L 267
L 123
L 178
L 119
K 24
L 11
L 471
L 492
L 83
L 234
L 498
L 78
L 165
L 206
562
42
9
565
56
61
1
56n
266
51
257

Alles auf einen Blick

WIE & WANN:
Asphaltierte Wege wechseln mit Wald- und Feldwegabschnitten, ein schwerer Anstieg bei Alfter (Gielsdorf) sowie zwei markante Anstiege in Rheinbach (Merzbach) und in Queckenberg; beste Zeit Frühling bis Herbst

HIN & WEG:
Auto: Parkhaus Bonn-City, Am Alten Friedhof (GPS: 50.73457, 7.09189)
ÖPNV: RE 5, S 23, RB 26, RB 30, RB 48 bis Bonn Hbf.; Rückkehr zum Ausgangspunkt: Ab Bad Münstereifel Bf. RB 23 bis Bonn Hbf.
Anschlusstour: Panoramatour 12 Bad Münstereifel–Kronenburg(–Jünkerath)

ESSEN & ENTSPANNEN:
Waldgasthaus Steinbach ❽ Talsperrenstraße 105, 53881 Euskirchen (Kirchheim)
Münstereifeler Brauhaus ❿ Markt 8, 53902 Bad Münstereifel, Tel. (0 22 53) 62 03, www.brauhaus-bam.de

ENTDECKEN & ERLEBEN:
Bonner Münster St. Martin ❶ Münsterplatz, 53111 Bonn, www.bonner-muenster.de
St. Jakobus ❷ Kirchstraße, 53347 Alfter (Gielsdorf)
Gut Capellen (Schillingskapellen) ❸ Capellenstraße, 53913 Swisttal (Dünstekoven)
Burg Lüftelberg ❹ Schlossstraße 7, 53340 Meckenheim-Lüftelberg
Glasmuseum Rheinbach im Himmeroder Hof ❺ Himmeroder Wall 6, 53359 Rheinbach, Tel. (0 22 26) 91 75 01, www.glasmuseum-rheinbach.de

Entspannung ★★★☆☆
Genuss ★★★★☆
Romantik ★★★☆☆

Waldkapelle Rheinbach ❻ an der L 492, 53359 Rheinbach (Stadtwald Rheinbach)
Waldfreibad Steinbachtalsperre ❼ Talsperrenstraße 125, 53879 Euskirchen (Kirchheim), Tel. (0 22 55) 65 20, www.euskirchen.de
Historische Altstadt Bad Münstereifel ❾ www.bad-muenstereifel.de

Blick auf Bad Münstereifel

- 60 Kilometer
- 823 Höhenmeter
- 6,5 Stunden
- Strecke

Vom Markt in **Bad Münstereifel** orientieren wir uns der Wegweisung „Erft-Radweg“ folgend zuerst durch die Altstadt, biegen rechts in die Unnauer Straße ein, verlassen links durch das **Heisterbacher Tor** den malerischen Eifelort und folgen der Wegweisung nach **Eicherscheid.** Am Kreisel halten wir uns rechts und gelangen auf dem Radweg neben der Landstraße nach **Schönau.** Hier biegen wir rechts ein und fahren durch die Erftstraße zunächst leicht bergan durch die Birkenallee entlang des Eifelflüsschens. Am Ortsende können wir entweder dem Verlauf der Kreisstraße bergan folgen oder der Radwegweisung etwas abseits und am Waldrand entlang mit schönen Ausblicken auf das Mühlenbachtal. Kurz vor **Holzmülheim** vereinigen sich beide Wege, es geht über die Erft weiter am Rastplatz in der Nähe der Erftquelle.

Hinter dem Rastplatz halten wir uns rechts, fahren unter der Straße hindurch und erreichen später die Kreisstraße, auf die wir rechts einbiegen. An der kommenden Gabelung folgen wir der Wegweisung rechts und bergan nach **Frohngau,** einem der ältesten

Pilgerweg Bonn–Kronenburg Zweite Etappe: Bad Münstereifel–Frohngau–Blankenheim–Dahlem–Kronenburg

*Ab Holzmülheim fließt die **Erft** rund 113 km in überwiegend nördliche Richtung und mündet später bei Neuss in den Rhein. Über Jahrhunderte diente das Quellwasser Mensch und Vieh als Trinkwasser und wurde durch einen Mühlengraben zu den weiter südlich gelegenen Mühlen geleitet.*

Hoch hinaus

Von der Erft zur Kyll

Orte der Gemeinde Nettersheim. Das Schiff der Kirche **St. Margareta** ❶ mit dem mächtigen spätgotischen Wehrturm wurde aus fossilienreichen Kalksteinblöcken aus einem benachbarten Marmorsteinbruch errichtet. Erstmals gebaut wurde eine Kapelle um 1200, Anfang des 14. Jahrhunderts wurde Frohngau mitsamt Kapelle erwähnt, Mitte des 17. Jahrhunderts ei-

Ahekapelle

ne Schule gegenüber der Kirche gebaut. Kirche, Pfarrhaus und ehemalige Schule mit Dorftreff bilden ein reizvolles Ortsensemble. In den **Dorftreff** 2 kann man auch einkehren.

An der Kirche halten wir uns rechts, die nächste Straße biegen wir links ein. Über die Frohngauer Straße gelangen wir nach **Engelgau.** Dort geht es links und in der Folge die Ahestraße bergab. Vorbei an der alten

Römerstraße im Mürel

Für die Seele

Eifelflüsse und Höhenwege lassen uns die Eifelregion intensiv erleben.

Wehrkirche (15. Jh.) gelangen wir in das Genfbachtal, dort liegt rechts des Weges die **Ahekapelle** 3, die einen Zwischenstopp lohnt. Vor allem in den Frühsommermonaten empfiehlt sich ein Besuch des Naturschutzgebietes **Genfbachtal** mit seinen zahlreichen Orchideen. Mitten im Genfbachtal liegt die Ahekapelle. Ursprünglich wurde das kleine Gotteshaus als Pfarrkirche auf Fundamenten aus römischer Zeit erbaut. Nach Aufgabe der Siedlung im 18. Jahrhundert blieb die Kapelle stehen. Sie ist dem heiligen Servatius geweiht.

Weiter durch das Genfbachtal zeigt uns der Wegweiser kurz darauf links den weiteren Verlauf der Route in Richtung Blankenheim, nun geht es ein kurzes Stück etwas steiler bergan. An der kommenden Gabelung geht es rechts weiter, an der darauffolgenden Gabelung scharf rechts und später über einen Schotterweg erneut bergan. Nach einer Weile schwenkt der Weg nach rechts auf einen breiteren Waldweg ein. Wir befinden uns nun auf der antiken **Römerstraße** im **Mürel.** Die Höhenlage diente nicht nur den römischen Legionen, sondern später im Mittelalter auch den Händlern und Pilgern wegen ihrer Höhenlage – die Tallagen waren meist versumpft – als ideale Verkehrswege. Unterwegs sehen wir neben einigen Radwanderern auch viele Wanderer, einige erkennbar als Pilger. An heißen Tagen genießen wir den kühlenden Schatten des dichten Waldes, passieren nach einer Weile das **Forsthaus Mürel** und fahren immer

Römervilla Blankenheim

geradeaus. Nach Verlassen des Waldweges erreichen wir das Gewerbegebiet von Blankenheim. Nun wieder mit Asphalt unter den Rädern lassen wir uns bis zum Kreisverkehr hinunterrollen, dort orientieren wir uns rechts (In der Rhenn) und fahren auf eine **Römervilla** 4 zu. Dieses bedeutsame Bodendenkmal wurde durch eine moderne Stahlkonstruktion erschlossen, welche die Struktur der Gesamtanlage sichtbar macht. Mit einer Fläche von 250 × 120 Metern zählt dieses Areal zu den größten römischen Landgütern des Rheinlandes. Das Grundstück war von einer Bruchsteinmauer umgeben und verfügte über einen Nutzgarten, an den das Hauptgebäude anschloss. Um einen Hof herum lagen sechs Nebengebäude.

Nach diesem lohnenswerten Stopp fahren wir links hinunter zum Busbahnhof (Alter Bahnhof), dort rechts auf die Bahnhofstraße und am Ortseingang am Kreisel links durch das **Georgstor** hinein in den historischen Ortskern von **Blankenheim.** Hier sollte man genügend Zeit für einen Aufenthalt einplanen. Hauptattraktionen sind die **Grafenburg** 5 (Jugendherberge) und die **Ahrquelle.** Ein Bummel führt zum **Eifelmuseum** 6 mit Gildehaus, einem Fachwerkbau aus dem 17. Jahrhundert, hier befindet sich seit jüngster Zeit das Informationszentrum zur Geschichte der Römer. Doch ebenso sehenswert sind die spätgotische Pfarrkirche **St. Mariä Himmelfahrt** und der Zuckerberg mit seinen zahlreichen Fachwerkgebäuden. Und kulinarisch kommt man im **Bistro Landlust** 7 auf seine Kosten, hier gibt es neben süßen Leckereien auch herzhafte Flammkuchen. Diese Stärkung haben wir uns nach dem doch recht hügeligen Bummel durch die Altstadtgassen und noch bevorstehenden Bergetappen verdient.

Die folgenden Kilometer weichen vom ursprünglichen Verlauf des Pilgerwegs ab. Stattdessen können

*Die **Ahrquelle** ist Mittelpunkt des historischen Ortskerns. Aus ihrer Quelle fließen durchschnittlich 700 l/min Wasser, durch einen gemauerten Kanal durchfließt das Wasser den Ort. Etwa 90 km flussabwärts mündet die Ahr bei Sinzig in den Rhein.*

wir einige reizvolle Flusslandschaften erkunden. Durch das **Hirtentor** verlassen wir das schmucke Eifelstädtchen, nun folgen wir der Wegweisung „Ahr-Radweg" zunächst auf dem Radweg parallel zur Bundesstraße. In Höhe des Klärwerks verlassen wir die Straße links; nach Querung des Mülheimer Bachs erreichen wir die als Radweg präparierte Trasse auf der ehemaligen Ahrtalbahn. Später queren wir die Straße in Höhe der **Reetzer Mühle,** dahinter passieren wir ein altes Bahnhofsgebäude und fahren bei **Oberahreck** auf der früheren Eisenbahnbrücke über die Talaue hinweg. Am dortigen Rastplatz können wir den Blick über das Ahrtal schweifen lassen.

Hinter dem Rastplatz verlassen wir den Ahr-Radweg nach rechts über einen Waldweg bis zur Kreisstraße, auf diese biegen wir rechts ein und verlassen sie am Wanderparkplatz links. Die nächsten Kilometer verläuft die Route autofrei und bachaufwärts durch das landschaftlich reizvolle **Schaafbachtal.** Info-

Rast im Oberen Ahrtal

Tafeln entlang der Strecke informieren uns über die Bedeutung dieses schutzwürdigen Talbereichs. In Höhe der **Ripsdorfer Mühle** stoßen wir auf die nun wieder asphaltierte „Eifel-Höhen-Route", deren Verlauf wir bis **Ahrmühle** folgen. Dort biegen wir links ein und fahren anschließend bergauf nach **Waldorf.** Im Schatten einer großen Linde steht die Kirche **St. Dionysios,** Schutzpatron der Gerber und Metzger.

Weiter geht es, den Wegweisern der Eifel-Höhen-Route folgend, später an einer Waldrandgabelung halb links bis zum Rastplatz **Vierherrenstein** ⑧. Info-Tafeln geben Auskunft über den Verlauf der damaligen Römerstraße und Pilgerstrecke. Hier, mitten im Wald im Bereich der drei Heidenköpfe an der Grenze zwischen Nordrhein-Westfalen und Rheinland-Pfalz, wand sich früher die **Agrippastraße** durch das Gelände. Die römischen Straßenbauingenieure orientierten sich bei der Trassenführung am Höhenzug zwischen den Flüssen Kyll und Ahr. Denn ein solcher Höhenweg blieb auch dann passierbar, wenn die Flusstäler überschwemmt waren.

Nach dieser Pause lassen wir uns bergab durch den Wald bis zum **Bahnhof Dahlem** rollen, queren das Gleis und erreichen über die Bahnstraße die Ortsmitte von **Dahlem** in Höhe der Kirche **St. Annen** (frühes 13. Jh.), ab

Vier Herrschaften

(= Vierherrenstein) grenzten an dieser Stelle vor rund 500 Jahren aneinander: Jünkerath, Kronenburg, Schmidtheim und Blankenheim. Auf dem Basalt-Grenzstein sind die Wappen und Anfangsbuchstaben der ersten drei Territorien noch gut zu sehen.

dort folgen wir den Wegweisern rechts entlang der Kölner Straße, verlassen diese links, unterqueren die B 51 und biegen an der kommenden Kreuzung links ein. Vorbei am **Eipacherhof** folgen wir den rot-weißen Wegweisern und gelangen über die Hüttenstraße nach **Baasem.** Entgegen der Wegweisung fahren wir im Ort rechts auf **St. Mariä Geburt** ⑨ zu, diese bemerkenswerte spätgotische Kirche aus dem 15. Jahrhundert dominiert weithin sichtbar das Ortsbild.

Hinter der Kirche fahren wir links und gelangen am Ortsende über die Kronenburger Straße, später Gerichtsstraße, zu unserem Etappenziel, dem Höhenort **Kronenburg** ⑩**.** Die Lage oberhalb des Kyll hatte im Mittelalter – erste Nennung 1277 – rein strategische Gründe, von hier aus ließ sich das Territorium besser kontrollieren. Um die Burg entstand später eine Siedlung, die mit einem Mauerring mit Toren in die Befestigung der Burg integriert wurde (Burgbering), ebenso der Wehrturm der Kirche **St. Johann Baptist** (15. Jh.). Nach wechselvoller Geschichte und zwischenzeitlicher Bedeutungslosigkeit konnte sich in der Neuzeit Kronenburg einen Namen als Künstlerdorf machen, gegenwärtig durch regional bekannte Mittelaltermärkte. Im Haus Kronenburg werden heute nicht nur Lehrer fortgebildet, sondern es besteht für Pilger auch die Möglichkeit der Übernachtung. Hier in diesem malerischen Burgnest endet unsere rheinische Eifeletappe. Wer mag, kehrt noch im **Café Zehntscheune** ⑪ ein, bevor wir die Heimreise antreten.

Wer selbst gebackenen Kuchen mag, ist im ***Café Zehntscheune*** *bestens bedient. Und aus der hauseigenen Destille gibt es Eifeler Pflümli-Likör.*

Dafür fahren wir ab der Ortsausfahrt rechts die Straße bergab, am Wegende rechts einige Meter auf der belebten Bundesstraße, folgen am nächsten Abzweig dem Wegweiser links über die Kyll und anschließend weiter halb links über Neuer Weg bis zum **ehemaligen Bahnhof Kronenburg.** Ab dort verschwenkt die Route auf den neuen Bahntrassenradweg der Vennquerbahn, der selbsterklärend über **Stadtkyll** und **Niederkyll** bis **Glaadt** und von dort weiter **zum Bahnhof Jünkerath** führt.

Kronenburg

265
477
Mechernich
L 11
Erft
L 169
1
Gemünd
266
266
Bad Münstereifel
L 234
L 165
L 165
Kall
477
L 206
265
Schleiden
Eicherscheid
L 165
51
L 206
Weißenstein
L 165
Holzmülheim
Schönau
Engelgau
Frohngau
L 151
Nettersheim
L 205
L 74
258
L 22
L 204
51
258
L 115
K 69
Blankenheim
Urft
51
K 69
258
K 43
Waldorf
Dahlem
Baasem
K 72
K 69
Ahr
L 110
Kronenburg
421
Esch
K 67
L 115
Jünkerath
L 24
Stadtkyll
DB
51
Birgel
L 26
Lissendorf
L 24
L 25
Kyll
Hillesheim
421
L 10

Alles auf einen Blick

WIE & WANN:
Asphaltierte Wege wechseln mit Wald- und Feldwegabschnitten, Anstiege zwischen Schönau und Frohngau, im Blankenheimer Wald sowie vor Waldorf, hinter Dahlem und ab Baasem; beste Zeit Frühling bis Herbst

HIN & WEG:
Auto: Park + Ride am Bf. Bad Münstereifel (GPS: 50.55946, 6.76435)
ÖPNV: RB 23 bis Bad Münstereifel Bf.; Rückkehr zum Ausgangspunkt: Ab Jünkerath Bf. RE 12, RE 22 bis Euskirchen Bf., weiter mit RB 23 bis Bad Münstereifel Bf.

ESSEN & ENTSPANNEN:
Dorftreff Frohngau (Alte Schule) ❷ Holzmülheimer Straße 4, 53947 Nettersheim (Frohngau)
Bistro Landlust ❼ Klosterstraße 3, 53945 Blankenheim, Tel. (0 22 49) 9 17 91 90, www.landlust-blankenheim.de
Café Zehntscheune ⓫ Burgbering 25, 53949 Dahlem (Kronenburg), Tel. (0 65 57) 9 00 98 40, www.cafe-zehntscheune.de

ENTDECKEN & ERLEBEN:
St. Margareta ❶ Holzmülheimer Straße, 53947 Nettersheim (Frohngau)
Ahekapelle ❸ Genfbachtal, 53947 Nettersheim (Engelgau)
Römervilla ❹ In den Alzen 28, 53945 Blankenheim, www.roemervillablankenheim.de
Grafenburg mit Tiergartentunnel ❺ Burg 1, 53945 Blankenheim

Entspannung ✸✸✸✸✸
Genuss ✸✸✸✸✸
Romantik ✸✸✸✸✸

Eifelmuseum ❻ Ahrstraße 55–57, 53945 Blankenheim, Tel. (0 22 49) 8 72 22, www.eifelmuseum-blankenheim.de
Vierherrenstein ❽ Dahlemer Wald, 53949 Dahlem (Esch)
St. Mariä Geburt ❾ Kronenburger Straße 7, 53949 Dahlem (Baasem)
Burgort Kronenburg ❿ Burgbering, 53949 Dahlem (Kronenburg)

Ort zum Innehalten

Pilgerweg Marienheide–Köln

59 Kilometer, eine Etappe

Diese alte Fernstraße verband früher Osteuropa mit Westeuropa. Ursprünglich nutzten Jäger, später Händler und Heerestruppen diesen Höhenweg. Nach dem Ende des römischen Reiches baute Karl der Große auf Basis des bestehenden Fernstraßennetzes zunehmend Ost-West-Verbindungen aus. Neben der Ansiedlung von Burgen und Klöstern war es auf der Heidenstraße vor allem der Transport von Eisenerzen in Richtung Köln. Später nutzten auch Pilger diesen Höhenweg, um nach Köln und von dort weiter in Richtung Santiago zu ziehen. Der Begriff Heidenstraße ist nicht eindeutig geklärt: Einerseits deutet vieles auf die Christianisierung (also Bekehrung der Heiden) der östlichen Landesteile vom katholischen Westen aus hin, andererseits wurde über Jahrhunderte hinweg das Bergische Waldholz zur Verhüttung der stark nachgefragten Holzkohle verwendet – mit der Folge versteppter (verheideter) Landschaften. Im angrenzenden Sauerland wird der Altweg durchgängig Heide(n)straße genannt, ebenso in Marienheide, in Lindlar heißt er Alte Landstraße.

- 59 Kilometer
- 532 Höhenmeter
- 5 Stunden
- Strecke

Im **Bahnhof Marienheide** angekommen, orientieren wir uns rechts in Richtung Ortsmitte. Vor unserem eigentlichen Etappenbeginn machen wir zunächst einen Abstecher zur dortigen **Wallfahrtskirche St. Mariä Heimsuchung** ❶. Seit dem 15. Jahrhundert ist **Marienheide** ein bedeutender Wallfahrtsort. So verehrten die Pilger seinerzeit ein 1417 aus Köln hergebrachtes Gnadenbild. Neben Pilgern war der Bergische Ort gleichzeitig wichtiger Handelsplatz für Eisen-, besonders Manganerz sowie von Schmiede- und Tuchwaren; hier kreuzte die Bergische Eisenstraße den Weg der von Ost nach West (Leipzig–Kassel–Köln) verlaufenden Heidenstraße. Eine Tafel gegenüber dem Kirchplatz zeigt den historischen Verlauf der Route an.

Marienheide

Es geht geradeaus über die Ampel, schon nach wenigen Metern erfolgt ab Knoten-Nr. 55 rechts entlang der Scharder Straße unsere erste Bergwertung. Am

Pilgerweg Marienheide–Köln
Marienheide–Lindlar–Hohkeppel–Immekeppel–Brück–Köln

Pilgertum & Handel

Streifzüge im Bergischen Land

Ortsende geht es links über die Heubergstraße über die Höhen weiter. Nach einer Weile verlassen wir die asphaltierte Straße und fahren entgegen der Wegweisung geradeaus weiter. Südlich des Weilers **Siemerkusen** lag einst die Gerichtsstätte der benachbarten Herrschaft Gimborn; der Weg ins „Jenseits" führte also hier entlang.

Kurz darauf stoßen wir wieder auf die Straße, doch bald darauf in Höhe von **Grunewald** weist uns das Pilgerwegzeichen rechts den weiteren Verlauf durch den Wald an. Wir bleiben auf dem Hauptwanderweg, überqueren später eine Straße und halten uns danach halb rechts, weiter auf dem Höhenweg. In **Oberlichtinghagen** führt dann links wieder eine Straße bergab.

In **Scheel** angekommen, folgen wir ab der Pension Waldesruh dem weiteren Verlauf der Alten Landstraße, meist gut erkennbar mit dem Pilgerzeichen markiert. An einigen Stellen geht es durch Sperrpfosten hindurch, schließlich erreichen wir **Frielingsdorf.** Ab hier zeigen uns wieder rot-weiße Wegweiser die Richtung an, zunächst am Kreisel geradeaus und vorbei an der Kirche **St. Apollinaris (2),** am Knoten Nr. 63 links, nun mit Puls 180 den **Dimberg** hinauf. Am Zenit werfen wir einen Blick zurück auf den Ort mit seiner markanten Kirche in Bruchsteinbauweise, bevor es nun auf dem Radweg neben der recht verkehrsreichen Straße vorbei an **Klause, Rübach** und **Weyer** zu unserem nächsten Etappenziel geht. Hierzu fahren wir zunächst geradeaus weiter, am Kreisel dann entgegen der Wegweisung rechts und sofort wieder links. Über die Borromäusstraße gelangen wir in die Ortsmitte von **Lindlar.** Die am Marktplatz gelegene Kirche **St. Severin** ❸ aus dem Jahr 1109 war im mittelalterlichen Lindlar Zentrum des Dorfes.

Wir verlassen den Ortskern vorbei an der Kirche, dahinter rechts und nun wieder über die recht frequentierte Landstraße, passieren mit **Burg Heiligenhoven** sowie dem **Bergischen Freilichtmuseum** ❹ zwei weitere

Zugbrückenähnliche Falltore sicherten die verschiedenen Durchgänge der Wallanlage. Der Straßenname Am Falltor erinnert daran. Auf ihrem Weg nach Köln machten Händler und Pilger in ***Lindlar*** *Rast.*

Die Landschaft zu Füßen

Für die Seele

Von den Bergischen Höhen entlang der Alten Heidenstraße gelangen wir in die Dommetropole am Rhein.

Highlights, verlassen an der Bushaltestelle **Unterheiligenhoven** die Straße nach links und fahren über den Hauptweg nach **Voßbruch;** dort rechts weiter – wer möchte kann hier auf der Außenterrasse des Ausflugslokals **Die Tenne** ❺ einkehren – und in der Folge bergan nach **Holz.** Vorbei am Segelfluggelände des Hölzer Kopfes geht es weiter bis **Wüsterhof,** dort rechts

und im Wald durch einen Hohlweg, nun wieder dem Pilgerzeichen folgend, an einer Schutzhütte auf die Straße bei **Oberfrielinghausen.** Ab hier führt die Strecke am Waldrand entlang mit schönen Sichtbeziehungen in die weitere Umgebung. So lässt sich u. a. die auf der Nordvariante des Heidenweges liegende Antonius-Kapelle erkennen.

Nach einer Weile erreichen wir über den Weiler **Hohbusch** unser nächstes Etappenziel, **Hohkeppel.** Einkehren kann man im **Hohkeppeler Hof** ❻, der traditionelle Küche bietet. Überragt wird der Mitte des 10. Jahrhunderts erstmals erwähnte Ort von der markanten Kirchturmspitze von **St. Laurentius** ❼. Der Bau der ersten Steinkirche aus heimischem Bruchstein, von der heute noch der Turm erhalten ist, entstand im 12. Jahrhundert. Der heutige Kirchbau stammt aus dem 19. Jahrhundert. Die Häuser rund um die Kirche sind alte Fachwerkbauten, einige über 200 Jahre alt. Das reetgedeckte **Haus „Weißes Pferdchen"** ist das älteste Gebäude (1612/1688) und diente unter anderem als Fuhrmannsherberge in einer Zeit, als die zumeist versumpften Täler verkehrsmäßig noch gemieden wurden. Auch Pilger fanden und finden hier wieder Unterkunft. Zum Ortsensemble gehören außerdem der Burghof, das Pfarrhaus und die Vikarie.

Kurz nach der Ortsausfahrt entlang der Landstraße L 84, die den Verlauf des historischen Höhenweges aufnimmt, passieren wir die ersten Fußfälle eines Kreuzwegs im Ortsteil **Kreuzweg.** Wie es der Ortsname verrät, diente dieser Höhenweg gleichzeitig als Kirchweg der benachbarten Siedlungen. Nun radeln wir weiter im Wechsel bergab und bergan, an mehreren Weilern vorbei, immer mit schönen Ausblicken in den Norden und den Süden des Bergischen Lands, u. a. erkennen wir die markanten Türme der Wallfahrtskirche von Marialinden (siehe auch Tour 15) jenseits des Aggertals. In **Leffelsend** verlassen wir die Landstraße rechts, folgen am kommenden Abzweig dem Pilgerzeichen links über **Gründemich** nach **Gruß-Hurden,** ab dort an der Bushaltestelle rechts und in der Folge ser-

Hohkeppel

pentinenartig bergab. Hinter **Immekeppelerteich** erreichen wir die stark frequentierte Landstraße L 284. Hier entscheiden wir uns zunächst für einen Abstecher rechts nach **Immekeppel** mit seinem imposanten **Sülztaler Dom 8,** der bis heute Ziel zahlreicher Wallfahrten ist.

Nach diesem Abstecher radeln wir auf dem Radweg der Landstraße wieder in westliche Richtung, durch **Schmitzbüchel** hindurch. Vorbei an der Autobahnauffahrt passieren wir eine große Straßenkreuzung in **Untereschbach,** um nach wenigen Metern den Ort rechts über die Brüderstraße bergauf zu verlassen, anfangs recht steil, hinter dem Weiler **Neubuchholzen** weniger anstrengend und in den Wald hinein, immer in Hörweite der Autobahn. Ursprünglich war der hiesige **Königsforst** ein Bannwald, der zum Krongut der

St. Lucia *(1400 erstmals erwähnt, wegen seiner imposanten Größe auch Sülztaler Dom genannt) stand zunächst unter dem Patronat von Jakobus dem Älteren, später erfolgte die Verehrung der heiligen Lucia, deren Reliquie Anfang des 18. Jh. hierher überführt wurde.*

Frankenkönige gehörte. Mit der Säkularisierung ging der Königsforst in den Besitz des Großherzogtums Berg über. Deren Herzöge nutzten den Wald als Jagdrevier. Erst im späten 18. Jahrhundert wurde der enorme Bestand an Rotwild reduziert, Wald und Äcker konnten sich regenerieren. Unter Napoleon wurde der Wald stark dezimiert: Die gesunden, kräftigen Eichen gelangten als Nutzholz nach Frankreich. Mit dem Wiener Kongress 1815 wurde der Forst preußisch. In dieser Zeit begann eine Wiederaufforstung, hauptsächlich mit Nadelbäumen. Seit den jüngsten Wirbelstürmen werden heute zunehmend standorttypische Laubbäume angepflanzt. Mit dem Ankauf von Waldflächen gegen Ende des 19. Jahrhunderts wurde das noch heute weitgehend zusammenhängende Waldgebiet auf einer Gesamtfläche von 3000 Hektar für die Erholung suchende Bevölkerung im Großraum Köln erschlossen.

Bunte Natur

Wir bleiben auf der **Brüderstraße,** kreuzen einige Wege sowie später eine Landstraße, vorbei an der Kreuzung in Höhe von Knoten Nr. 75, an der kommenden Verzweigung müssen wir uns links halten; die Strecke verschwenkt hinter einem Waldweiher rechts, am Wegende biegen wir links auf den Radweg der dortigen Landstraße ein, um diesen nach wenigen Metern rechts (Knoten Nr. 39) in Richtung Wildgehege zu verlassen. Nach Überquerung des Flehbachs fahren wir vorbei am einstigen Wildgehege

bis zum Wanderparkplatz des Kölner Stadtteils **Brück,** hier verlassen wir den Wald und fahren rechts zur Olpener Straße.

Entgegen des historischen Verlaufs der Pilgerroute entlang der hochfrequentierten Olpener Straße entscheiden wir uns für eine ruhigere Variante, um unser Etappenziel zu erreichen. Hierzu fahren wir zunächst rechts ein kurzes Stück stadtauswärts, sofort wieder links über den Rinderweg, dann links Am Klausenberg und am Wegende rechts auf den Brücker Mauspfad. Hinter der Autobahn links auf den Kreuzchensweg, nun weiter ohne Autoverkehr und parallel zur Autobahn, am Wegende links auf den Mielenforster Kirchweg nach **Merheim.** Im alten Ortskern von Merheim liegen rund um die romanische Kirche **St. Gereon** 9 mehrere historische Gebäude, u. a. das älteste Gasthaus im rechtsrheinischen Köln, **Em ahle Kohberg ⑩,** mit Außengastronomie.

Nach Querung der Ostmerheimer Straße geht es vorbei an **Haus Schlagbaum,** einst mittelalterliche Zollstelle, am Wegende scharf links auf den gleichnamigen Weg über die Autobahn hinweg, an der Ampel rechts und in Höhe von **Haus Herl** links zur Bahnhaltestelle. Nach Querung der Gleise folgen wir links den rot-weißen Wegweisern, die uns vorbei am Knoten Nr. 38, dahinter auf straßenbegleitenden Radwegen durch dicht besiedeltes Gebiet über die Kölner Stadtteile **Buchforst** und **Deutz,** vorbei am Messegelände und von dort hinter der großen Bahnunterführung rechts, vorbei am **Bahnhof Deutz** auf die Rampe der Hohenzollernbrücke führt. Über diese steuern wir direkt auf den **Kölner Dom ⑪,** dem Ziel unserer Etappe, zu.

Köln-Panorama

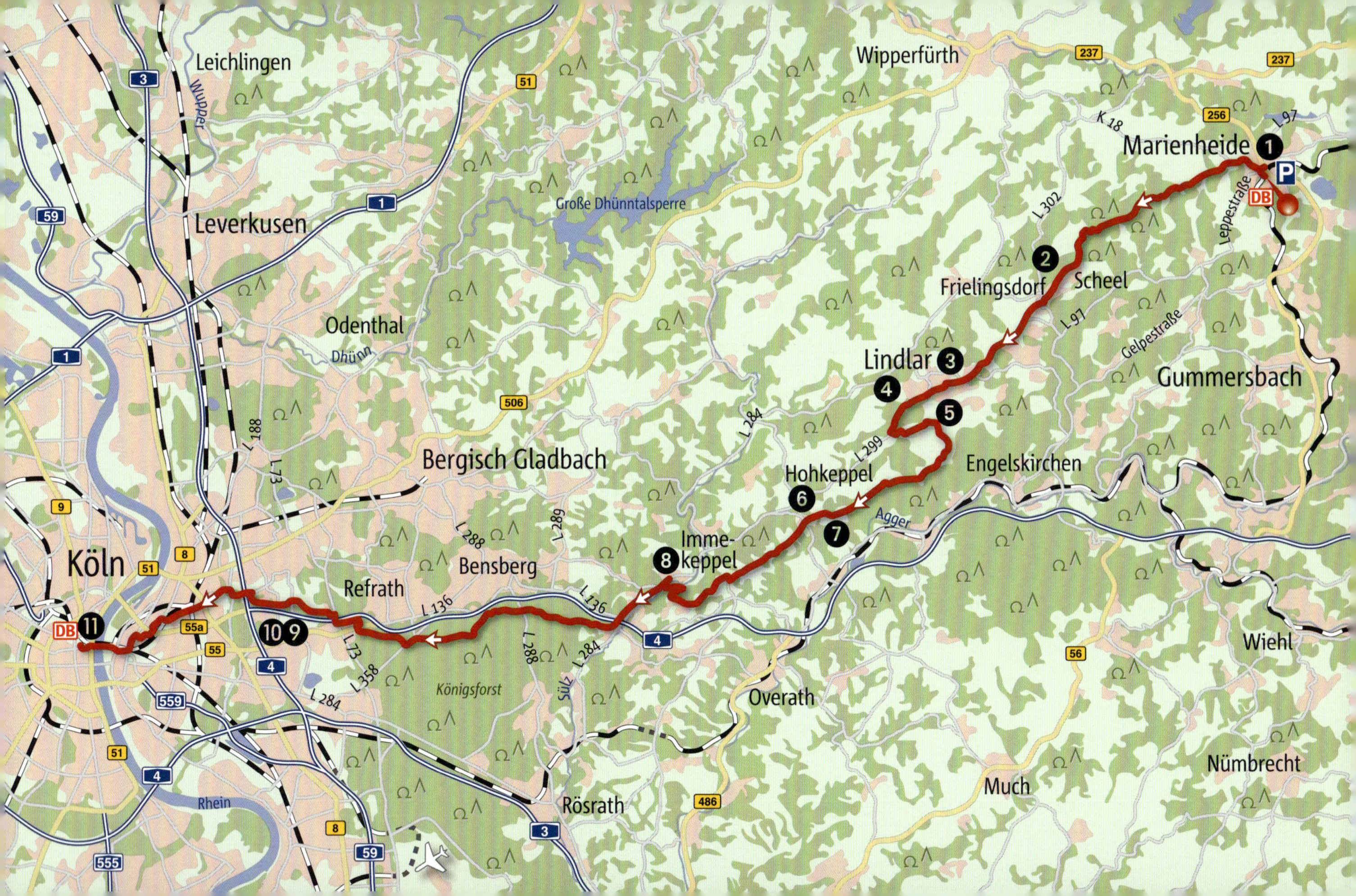

Leichlingen
Wupper
Wipperfürth
Marienheide
Leppestraße
K 18
L 97
L 302
Große Dhünntalsperre
Leverkusen
Frielingsdorf
Scheel
Gelpestraße
Gummersbach
Odenthal
Dhünn
Lindlar
L 284
L 299
Engelskirchen
Bergisch Gladbach
Hohkeppel
Agger
Immekeppel
L 188
L 73
L 288
L 289
Bensberg
Refrath
L 136
Köln
DB
L 358
Königsforst
Sülz
Overath
Wiehl
L 284
Rhein
Rösrath
Much
Nümbrecht

Alles auf einen Blick

WIE & WANN:
Asphaltierte Wege wechseln mit Waldwegabschnitten, ein schwerer Anstieg in Marienheide, hinter Frielingsdorf, hinter Voßbruch sowie hinter Obereschbach; beste Zeit Frühling, Frühsommer und Herbst

HIN & WEG:
Auto: Park + Ride am Bf. Marienheide (GPS: 51.08307, 7.53302)
ÖPNV: RB 25 bis Marienheide Bf.; Rückkehr zum Ausgangspunkt: Ab Köln Hbf. RB 25 bis Marienheide Bf.
Anschlusstour: Auszeittour 2 (Altenberg–)Köln–Kerpen

ESSEN & ENTSPANNEN:
Die Tenne ❺ Voßbruch 34 b, 51789 Lindlar (Voßbruch), Tel. (0 22 66) 78 27, tenne.bplaced.net
Hohkeppeler Hof ❻ Laurentiusstraße 29, 51789 Lindlar (Hohkeppel), Tel. (0 22 06) 91 02 22, www.hohkeppeler-hof.de
Em ahle Kohberg ❿ Ostmerheimer Straße 455, 51109 Köln (Merheim), Tel. (02 21) 69 25 25, www.emahlekohberg.koeln

ENTDECKEN & ERLEBEN:
Wallfahrtskirche St. Mariä Heimsuchung ❶ Klosterstraße 6, 51709 Marienheide
St. Apollinaris ❷ Jan-Wellem-Straße, 51789 Lindlar (Frielingsdorf)
St. Severin ❸ Hauptstraße 3, 51789 Lindlar

Entspannung ★★★☆☆
Genuss ★★★★★
Romantik ★★★☆☆

Freilichtmuseum Lindlar ❹ 51789 Lindlar (Heiligenhoven), Tel. (0 22 34) 9 92 15 55, www.freilichtmuseum-lindlar.lvr.de
St. Laurentius ❼ Laurentiusstraße, 51789 Lindlar (Hohkeppel)
St. Lucia (Sülztaler Dom) ❽ Kielsberg 1, 51491 Overath (Immekeppel), www.sankt-lucia.de
St. Gereon ❾ Von-Eltz-Platz 6, 51109 Köln (Merheim)
Kölner Dom ⓫ Domkloster 4, 50667 Köln, www.koelner-dom.de

Im Wildenburger Land

Pilgerweg Freudenberg–Köln

100 Kilometer, zwei Etappen

Wegen seiner zentralen Lage in Europa prägte sich schon in der Frühzeit ein Wegenetz auf den Höhenrücken des Bergischen Lands aus. Unter anderem verläuft die Brüderstraße als eine wichtige Handelsstraße von Osteuropa nach Westeuropa, die wetter- und topografiebedingt vorwiegend in den Sommermonaten genutzt wurde. Talauen wurden nur punktuell über Furten gequert. Ab dem Mittelalter nutzten im Schutz der bewachten Handelspunkte und Zollstationen auch viele Pilger diesen Höhenweg, um vom hessischen Marburg über das westfälische Siegen bis nach Köln und von dort weiter nach Aachen zu gelangen.

Drabenderhöhe

- 55 Kilometer
- 687 Höhenmeter
- 5 Stunden
- Strecke

Vom **Bahnhof Kirchen** (Sieg) in Rheinland-Pfalz startet unsere Radtour. Wir folgen den grün-weißen Wegweisern rechts entlang der Bahnhofstraße, bevor es über die Sieg und weiter auf dem Radweg neben der Landstraße, später auf dem Bahntrassenweg der einstigen Asdorftalbahn weitergeht. Hinter **Wehbach** passieren wir die **Alte Rentei,** eine Reminiszenz an die damaligen Gutsverwalter und Rentmeister, heute ein beliebtes Fotomotiv. Die Rentei wurde 1743 erbaut und bildet das Torhaus des Gutssitzes **Junkernthal.** Nach einer Weile erreichen wir **Niederfischbach,** überragt von den imposanten Türmen der Kirche **St. Mauritius und Gefährten,** auch **Siegerländer Dom** 1 genannt. Vorbei am ehemaligen Bahnhof, wo uns alte Bahnexponate an die aktive Zeit der Eisenbahn erinnern, erreichen wir nach einigen Kilometern den **Oberasdorfer Weiher,** hier endet der Bahntrassenradweg, und wir überqueren die Landesgrenze zu Nordrhein-Westfalen. Entlang der Landstraße geht es weiter nach **Freudenberg.** Oberhalb der Altstadt liegt die als Wehr- und Schutzkirche errichtete evangelische Kirche. Inmitten dieses Stadtkerns lädt das **4Fachwerk Mittendrin Museum** 2 mit seinen heimat- und industriehistori-

Alte Rentei

Pilgerweg Freudenberg–Köln
Erste Etappe: Kirchen/Sieg–Freudenberg–Denklingen–Drabenderhöhe

Auf und ab

Vom Siegerland ins Bergische Land

Das **Wildenburger Land** fiel 1815 genauso wie das gesamte Rheinland an Preußen. Mit der Neuordnung der Bundesländer nach dem Zweiten Weltkrieg wurde es 1946 Rheinland-Pfalz zugeordnet.

schen Ausstellungsstücken ein. Nach zwei verheerenden Bränden wurde der Ortskern von Freudenberg auf den Grundrissen von 1540 mit hübschen und einheitlichen Fachwerkhäusern wieder hergestellt.

Wir verlassen die Olper Straße hinter dem Kreisel an der zweiten Ampel links über Am Kurpark, danach wieder links durch die Färberstraße, anschließend halb rechts durch die Oranienstraße. Ab dem Knoten Nr. 57 folgen wir der Wegweisung rechts durch den historischen Ortskern, später geht es links bergan, danach rechts und am Freibad vorbei, bevor wir die Auffahrt zum Bahntrassenradweg erklimmen. Auf diesem geht es nur leicht ansteigend weiter, später durch den **Hohenhainer Tunnel,** dahinter fahren wir links am **ehemaligen Bahnhof Hohenhain** vorbei. Wir befinden uns jetzt – wieder jenseits der Landesgrenze – im **Wildenburger Land.**

Nach einer Weile erreichen wir das Ende der Ausbaustrecke in Höhe des **ehemaligen Bahnhofs Wildenburg.**

Siegerländer Dom

Ab hier rollen wir auf der Kreisstraße K 83, welche den Verlauf der Alten Brüderstraße aufnimmt, nun auf über 400 Meter Höhe weiter und haben die nächsten Kilometer eine herrliche Aussicht auf die Umgebung: links mit Blick über das Wildenburger Land bis weit in den Westerwald, rechts von uns auf das Siegerland. Wir fahren in Fahrtrichtung auf das vor uns liegende Oberbergische Land zu. Vorbei am Weiler **Küchelsiefen**

Freudenberg

Für die Seele

Auf ehemaligen Bahntrassen und von alten Höhenwegen bieten sich spektakuläre Ausblicke.

erreichen wir einen Wanderparkplatz, dort orientieren wir uns an der Radwegweisung halb links über den Schotterweg, der uns vorbei am **NSG Wacholderheide** führt. Im Hochsommer riecht man bereits die zwischen den Wacholdersträuchern wachsenden Blaubeeren. Am Ende dieses schönen Wegabschnittes stoßen wir auf eine Kreisstraße, an der Kreuzung in

Langenbach folgen wir den Wegweisern geradeaus, nun wieder bergan und am Waldrand entlang, später durch den Wald und stoßen danach auf eine asphaltierte Straße, die uns über die Höhen bis nach **Erdingen** führt. Hier kreuzt die Brüderstraße den Nutscheidhöhenweg, einen alten Verbindungsweg zwischen dem Bonn-Siegburger Raum und dem Sauerland.

Nun fahren wir rechts in den Ort hinein, am Knoten Nr. 92 links und folgen den Pilgerwegzeichen. Spürbar bergab orientieren wir uns an der Radwegweisung durch die Ortschaften **Schneppenhurth** und **Sterzenbach** und gelangen später links über die Poststraße in das talwärts gelegene **Denklingen ❸.**

Das in der Talsohle des Asdorfbachs gelegene Denklingen war im Mittelalter ein wichtiger Etappenort; hier musste einst die Furt gequert werden. Im Zentrum des Ortes liegt eine frühere Wasserburg (Anfang 15. Jh.), von hier wurde einst die Talquerung überwacht. Reste von Wall, Graben und Mauer sind noch erkennbar. Das Anwesen wurde später zu einem Amtshaus umgebaut. Nördlich des Amtshauses steht die **Antoniuskirche;** diese wurde lange Zeit als Simultankirche genutzt. Auffallend im Ort sind zudem riegellose Fachwerkbauten, in denen hauptsächlich Bergleute, Steinbrucharbeiter, Wanderarbeiter, Landgänger oder Hausierer wohnten, die nebenbei eine kleine Landwirtschaft betrieben.

Wir verlassen am Knoten Nr. 85 den Ort rechts über die stark frequentierte B 258, biegen nach einigen 100 Metern links in Richtung Bierenbachtal ab, nun geht es spürbar bergan nach **Eiershagen.** Hier prägen Fachwerkfassaden und liebevoll gepflegte Bauerngärten das Ortsbild. Weiter auf der Höhe gelangen wir nach **Rölefeld,** nach Passieren des Ortes lohnt ein Blick in südwestliche Richtung, dort erkennen wir den gelben Bergfried von **Schloss Homburg,** Mittelpunkt und Namensgeber des **Homburger Ländchens**. Hier residierten über ein halbes Jahrtausend (1259–1806) die Grafen von Sayn-Wittgenstein als politisches Gegengewicht zum umliegenden Großherzogtum Berg. Die

Farbenfrohes Eiershagen

Dem Himmel entgegen

Burg bzw. das später entstandene Schloss verfiel später und wurde erst zu Beginn des 20. Jahrhundert wieder aufgebaut.

Weiter entlang der Kreisstraße K 17 über die Ortschaft **Auf der Hardt** folgen wir der rot-weißen Wegweisung vorbei an **Prombach** und später bergab nach **Oberbierenbach,** dort queren wir eine Landstraße und fahren nun wieder bergan durch **Rommelsdorf,** dort links um das Gelände der Firma Sarstedt herum, dahinter links über die Römerstraße bis **Hübender.** Am Ortsausgang überqueren wir die Landstraße L 320 (rechts Abstecher zur **Tropfsteinhöhle** 4 möglich), in Höhe **Abbenroth** links und an der kommenden Gabelung halb rechts auf den Waldweg. Hier sehen wir auch das Pilgerzeichen des Jakobswegs, der uns kurz darauf über einen Hohlweg durch den Wald führt. Eine Schautafel links der Strecke erläutert die Historie des dortigen **Galgenberges** 5 im Mittelalter.

Aus dem Wald herausfahrend stoßen wir wieder auf die Landstraße L 350. Auf deren Radweg geht es am Kreisel in Höhe **Elsenroth** geradeaus weiter, dabei überqueren wir den mittlerweile zugewachsenen Bahndamm der einstigen Schmalspurbahn, die dort von 1915 bis 1966 den Süden des Bergischen Lands erschlossen hatte. Hinter dem Gewerbegebiet in Höhe der Bushaltestelle **Fahlenbruch** biegen wir rechts in Richtung Hau ein, dann folgen wir sofort links dem alten grünen Hinweisschild des Radwegs R 1, der uns nun wieder leicht ansteigend durch den Wald führt.

Wir bleiben auf dem Hauptwanderweg, queren einige Wege und lassen uns am Waldende bergab zu unserem Etappenziel rollen. Dabei genießen wir die grandiose Aussicht in die nähere und fernere Umge-

Seit Sommer 2020 ist der südliche Oberbergische Kreis offiziell Wolfsgebiet; es wurden neben Alttieren auch Welpen gesichtet. ***Wölfe*** *sind scheue Tiere und stellen keine Gefahr für Menschen dar.*

bung, bevor wir die Siedlung der **Siebenbürger Sachsen** erreichen.

Links über die Hillerscheider Straße und danach rechts entlang der Drabenderhöher Straße erreichen wir die Ortsmitte von **Drabenderhöhe** 6 mit ihrem markanten Kirchturm. So wie die früheren Händler und Pilger suchen wir uns eine Herberge, bevor es in Richtung Köln weitergeht. Hierzu bieten sich das **artfarm Restaurant Hotel** 7 sowie das nördlich des Ortes liegende **Haus Wald-Eck** 8 an. Wer mit der Bahn abreisen möchte, muss die Strecke entlang der Anschlussetappe 15 bis nach Overath folgen, dort besteht Bahnanschluss in Richtung Köln.

*In Europas größter geschlossener Siedlung der **Siebenbürger Sachsen,** die in den 1960er-Jahren entstand, fanden Flüchtlinge nach dem letzten Weltkrieg eine neue Heimat. Einblicke in die Traditionen und Gepflogenheiten ermöglicht die Siebenbürger Heimatstube.*

***Drabenderhöhe** lag am Kreuzungspunkt zweier mittelalterlicher Fernwege – der Brüderstraße und der Zeithstraße. Über beide wurde Handel getrieben und auch gepilgert. Der Ort lag an der Grenze zwischen dem Herzogtum Berg und der Reichsherrschaft Homburg.*

Wenden
Reichshof
Wiehltalsperre
Wiehl
Drabenderhöhe
Wildberg
Denklingen
Erdingen
Dreslingen
Friesenhagen
Freudenberg
Elsenroth
Bierenbachtal
Nümbrecht
Lichtenberg
Waldbröl
Morsbach
Harbach
Nieder-
fischbach
Ruppichteroth
Waldbrölbach
Birken-
Honigsessen
Katzwinkel
(Sieg)
Kirchen (Sieg)
Sieg
Windeck
Bröl
P
DB
1
2
3
4
5
6
7
8
4
45
56
62
256
478
L 321
L 95
L 336
L 350
L 338
L 320
L 339
K 16
L 324
L 342
K 83
K 1
L 278
K 86
K 84
L 280
L 562
L 512
L 344
L 94
L 326
L 279

Alles auf einen Blick

WIE & WANN:
Asphaltierte Wege wechseln mit Waldwegabschnitten, ein Anstieg hinter Freudenberg, bei Wildbergerhütte, hinter Denklingen sowie bei Bierenbach; beste Zeit Frühling, Frühsommer und Herbst

HIN & WEG:
Auto: Parkplatz am Bf. Kirchen (Sieg) (GPS: 50.80626, 7.88130)
ÖPNV: RE 9, RB 90, RB 93 bis Kirchen (Sieg) Bf.; Rückkehr zum Ausgangspunkt: Weiterfahrt bis Overath (15 km), RB 25 bis Köln Hbf., weiter mit RE 9 bis Kirchen (Sieg)
Übernachtung: artfarm Restaurant Hotel ❼ und **Haus Wald-Eck ❽**
Anschlusstour: Panoramatour 15 Drabenderhöhe–Overath–Köln

ESSEN & ENTSPANNEN:
artfarm Restaurant Hotel ❼ Drabenderhöher Straße 2, 51674 Wiehl (Drabenderhöhe), Tel. (0 22 62) 7 52 56 62, www.art-farm.de
Haus Wald-Eck ❽ Verr 14, 51674 Wiehl (Drabenderhöhe), Tel. (0 22 62) 29 39, www.haus-wald-eck.de

ENTDECKEN & ERLEBEN:
St. Mauritius und Gefährten (Siegerländer Dom) ❶ Kirchhofstraße 18, 57572 Niederfischbach
4Fachwerk Mittendrin Museum Freudenberg ❷ Mittelstraße 4–6, 57258 Freudenberg, Tel. (0 27 34) 72 23, www.4fachwerk.de
Ortsmitte Denklingen ❸ Hauptstraße, 51580 Reichshof (Denklingen)

Entspannung ★★★☆☆
Genuss ★★★★★
Romantik ★★★☆☆

Tropfsteinhöhle Wiehl ❹ Pfaffenberg 1, 51674 Wiehl, Tel. (0 22 62) 79 20, www.wiehl.de
Galgenberg Abbenroth ❺ 51588 Nümbrecht (Abbenroth)
Drabenderhöhe ❻ 51674 Wiehl

- 46 Kilometer
- 357 Höhenmeter
- 4 Stunden
- Strecke

Entlang der Brüderstraße

Von **Drabenderhöhe** starten wir nach Querung der Zeitstraße über die Alte Kölner Straße. Der Pilgerweg zweigt am Ortsende links ab, wir folgen dem Verlauf der rot-weißen Wegweiser nach Verr. Bei Verlängerung der vorherigen Etappe (14) kann man im Haus Wald-Eck einkehren und übernachten. Von dort weiter links zurück zur Alten Kölner Straße, in Höhe **Büddelhagen** links und am Wegende rechts, nun auf den geschotterten Waldweg der **Brüderstraße.** Von den einstigen Bergbaugruben entlang des Weges bzw. im angrenzenden Wald ist heute nichts mehr zu sehen. Dafür können wir die Umgebung des Bergischen Landes in aller Ruhe betrachten. Bei schönem Wetter lassen sich sogar die Vulkankuppen des Siebengebirges sowie die jenseits des Rheins liegenden Eifelberge erkennen. Nach einer Weile gelangen wir zum Drei-Länder-Eck, hier in **Heckberg** auf rund 350 Meter Höhe tangieren sich die Kreisgrenzen der drei bergischen Flächenkreise, Rhein-Sieg, Rheinisch-Bergischer und Oberbergischer Kreis. Der nördlich gelegene Heckberg misst 383 Meter über NN.

Pilgerweg Freudenberg–Köln Zweite Etappe: Drabenderhöhe–Overath–Untereschbach–Brück–Köln

Den Dom im Blick

Über die Brüderstraße nach Köln

Weiter über den Waldweg mit immer wieder schönen Ausblicken gelangen wir zum Wanderparkplatz am kleinen Heckberg, mit 364 Meter Höhe innerhalb des Rheinisch-Bergischen Kreises die höchste Erhebung. Ab hier geht es demnach abwärts, nun über **Federath** mit der Kirche **St. Michael** (1). Das dortige, etwa 3,5 Meter hohe Schlingenkreuz ist ein Beispiel

Obstblüte

Panorama auf der Brüderstraße

für die in dieser Region aufgestellten Hofkreuze, wo die Kirchen weit entfernt von den Höfen lagen.

Über **Landwehr** gelangen wir auf die Landstraße L 352, der Ortsname verrät die einstige Bedeutung des damaligen Wallgrabens. Neben der Funktion zur Grenzsicherung sollte der lang gezogene Wall die Händler und Pilger an der Zollstation vorbeileiten. Heute ist von den Wallanlagen nichts mehr zu erkennen, da diese mittlerweile eingeebnet wurden. Über den straßenbegleitenden Radweg gelangen wir schließlich nach **Marialinden 2**, dessen markante Kirchturmspitzen der **Wallfahrtskirche St. Mariä Heimsuchung** bereits von Weitem zu sehen sind.

Wir fahren geradeaus auf dem historischen Weg (hier heißt er Römerstraße) weiter, an dem wir nun erkennbar bergab und links der Strecke einige Fußfälle und Kreuzwegmotive, an denen früher die Pilger hinknieten und beteten, erkennen können. Von der ehemaligen Burg in **Burg** ist nur noch ein Ringwall westlich des Ortes erhalten geblieben. In Serpentinen geht es nun bergab, am Wegende rechts auf die Landstraße (Mucher Straße), die wir am Knoten Nr. 83 links über die Alte Mucher Straße verlassen. Hier führte früher eine Furt über die nahe gelegene Agger hinweg. Wir folgen den Wegweisern links, dann ohne Wegweiser links An der Brücke, dort rechts schiebend über den Aggersteg, in der Folge passieren wir die Rückseite des **Bahnhofs Overath**. Ab hier besteht Abfahrmöglichkeit mit der Bahn u. a. in Richtung Köln.

__Marialinden__ verdankt den Namen einer Baumgruppe von sieben mächtigen Linden und dem Fund eines Marienbildes, das zunächst den Bau einer Kapelle, später einer Kirche nach sich zog. Bis heute ist Marialinden ein Wallfahrtsort der Marienverehrung.

Für die Seele

Über die Höhen des Bergischen Landes und durch den Königsforst führt unsere Pilgertour ins „hillije Kölle“.

Hinter dem Parkplatz geht es kurz danach links über Im Auel, dann rechts durch die Jahnstraße weiter, am Wegende rechts. Unter der Unterführung hindurch gelangen wir in die Ortsmitte von **Overath,** dominiert von der romanischen Kirche **St. Walburga,** deren Ursprünge im 11. Jahrhundert liegen. Nicht weit entfernt steht das **Steinhaus,** eine einstige Wasserburg aus dem 17. Jahrhundert. Das mächtige Walmdach zeugt vom späteren Ausbau des Anwesens, da mit der Eröffnung der preußischen Staatsstraße (heute B 55) ein erhöhter Bedarf von Übernachtungsmöglichkeiten bestand.

Entgegen des historischen Verlaufs folgen wir den rot-weißen Wegweisern ab dem Kreisel rechts über **Ferrenberg,** immer steil bergan, weiter entlang am Neubaugebiet um **Rappenhohn,** anschließend vorbei an **Weberhöhe** bis zur Hohkeppeler Straße (L 84), auf die wir links einbiegen und in der Folge weiterradeln. Diese führt uns im Wechsel leicht bergan und bergab nach **Heiligenhaus.**

Am Kreisel biegen wir rechts ein, passieren die **Rochuskapelle ③,** verlassen die Bensberger Straße kurz darauf rechts über die Neuenhauser Straße. Diese führt uns in der Folge über den Ulmenweg und die Frielinghauser Straße bergab ins Holzbachtal. Dort geht es links weiter nach **Steinenbrück.** Der Autoverkehr ist eine Herausforderung in dieser dicht besiedelten, zusätzlich von Gewerbegebieten erschlossenen Region um Overath. Über die Olpener Straße geht es weiter ins Sülztal, an der großen Kreuzung in **Untereschbach** (Knoten Nr. 79) müssen wir uns links einordnen (Vorsicht!). Nun sind wir auf der Hoffnungsthaler Straße, die wir nach wenigen Metern rechts verlassen, und über die Brüderstraße steil

Am Schnittpunkt zweier Handelswege, der Heidenstraße zwischen Siegburg und Hohkeppel sowie der Brüderstraße zwischen Köln und Siegen, entstand ***Heiligenhaus*** *im 14. Jh. mitsamt der dem heiligen Rochus geweihten Kapelle, dem Schutzpatron der Pestkranken.*

Rochuskapelle in Heiligenhaus

bergauf, dafür autofrei, radeln. Ab hier ist der restliche Tourenverlauf identisch mit Tour 13 von Marienheide nach Köln.

Bergan und vorbei an **Neubuchholzen** erreichen wir den **Königsforst,** links der Strecke lassen sich noch Reste von Hohlwegbündeln im Gelände erkennen. Wir folgen den rot-weißen Wegweisern sowie den Pilgerzeichen und den auf Holzschildern angebrachten Schriftzügen „Brüderstraße“, queren später eine Landstraße, fahren weiter bergab durch den Königsforst bis zum Knoten Nr. 75. Dort geht es zunächst geradeaus weiter, an der kommenden Verzweigung orientieren wir uns links, stoßen später auf die Landstraße bei Rath, überqueren diese und den angrenzenden Flehbach. Vorbei am ehemaligen Wildgehege erreichen wir den Kölner Ortsteil **Brück,** hier verlassen wir den Wald und fahren rechts zur Olpener Straße.

Im Königsforst

Entgegen des historischen Verlaufs der Pilgerroute entlang der hochfrequentierten Olpener Straße entscheiden wir uns für eine ruhigere Variante, um unser Etappenziel zu erreichen. Hierzu fahren wir zunächst rechts ein kurzes Stück stadtauswärts, sofort wieder links über den Rinderweg, dann links Am Klausenberg und am Wegende rechts auf den Brücker Mauspfad. Hinter der Autobahn links auf den Kreuzchensweg, weiter ohne Autoverkehr und parallel zur Autobahn, am Wegende links auf den Mielenforster Kirchweg nach **Merheim.** Im alten Ortskern

Historischer Gasthof in Merheim

liegen rund um die romanische Kirche **St. Gereon** ❹ mehrere historische Gebäude, u. a. das älteste Gasthaus im rechtsrheinischen Köln, **Em ahle Kohberg** ❺, mit Außengastronomie.

Nach Querung der Ostmerheimer Straße geht es vorbei an **Haus Schlagbaum,** einst mittelalterliche Zollstelle, am Wegende scharf links auf den gleichnamigen Weg über die Autobahn hinweg, an der Ampel rechts und in Höhe von **Haus Herl** links zur Bahnhaltestelle. Nach Querung der Gleise folgen wir links den rot-weißen Wegweisern, die uns vorbei am Knoten Nr. 38, dahinter auf straßenbegleitenden Radwegen durch dicht besiedeltes Gebiet über die Kölner Stadtteile **Buchforst** und **Deutz,** vorbei am Messegelände und von dort hinter der großen Bahnunterführung rechts, vorbei am **Bahnhof Deutz** auf die Rampe der Hohenzollernbrücke führen. Über diese steuern wir direkt auf den **Kölner Dom** zu.

Das zu Römerzeiten gegründete **Köln** mit seinem **Dom** ❻ wurde wegen seiner strategisch günstigen Lage an einer Rheinschleife planmäßig erschlossen und sukzessive ausgebaut. Mit seiner Ernennung zur römischen Provinzhauptstadt Niedergermaniens er-

!

*Die **Brüderstraße** war Teil der Brabanter Straße, einer von Flandern nach Leipzig verlaufenden Handelsstraße. Mit der Erschließung der Tallagen durch Straßen und Eisenbahnlinien, anfangs unter napoleonischer, später unter preußischer Herrschaft, verloren die historischen Handels- und Pilgerwege ihre Bedeutung.*

Panoramatour 15

Altstadt mit Groß St. Martin

folgte auch nach dem Rückzug der Römer eine Weiterentwicklung, nun geprägt durch katholische Erzbischöfe, die gleichzeitig weltliche Macht ausübten. Aus den mittlerweile verfallenen Römerbauten wurde später Baumaterial für Kirchenbauten und Patrizierhäuser verwendet. Köln besaß im Mittelalter 365 klerikale Bauwerke.

Hier, im wirtschaftlichen und verkehrlichen „Drehkreuz des Westens“ endet unsere Pilgertour. Neben zahlreichen romanischen Kirchen prägt vor allem das umfangreiche Museums- und Kulturangebot die mittlerweile zur Millionenstadt avancierte Rheinmetropole. Stellvertretend seien die romanischen Kirchen **St. Heribert** 7, **St. Kunibert** 8 sowie das erzbischöfliche **Kunstmuseum Kolumba** 9 genannt. Und entlang des Rheins lässt sich Köln entweder in einer der zahlreichen Gasthöfe in der Altstadt oder beschaulicher auf der rechtsrheinischen Uferseite von der dortigen Freitreppe aus erleben.

*Das **Pilgertum** war neben dem Handel das zweite wirtschaftliche Standbein von Köln, der im Mittelalter größten Stadt Deutschlands. Vor allem wegen der Verehrung der Gebeine der Heiligen Drei Könige, weshalb der Dom 1248 errichtet wurde, kamen zahlreiche Pilger.*

Pilger-Ziel

Leverkusen
Odenthal
Dhünn
Lindlar
Engelskirchen
Agger
Bergisch Gladbach
Rhein
Dellbrück
Refrath
Bensberg
Sülz
Untereschbach
Mülheim
Deutz
Brück
Heiligenhaus
Overath
Marialinden
Verr
Drabenderhöhe
Königsforst
Rath
Köln
Poll
Kölner Straße
Rösrath
Much
Neunkirchen-
Seelscheid
Lohmar
DB
P

Alles auf einen Blick

WIE & WANN:

Asphaltierte Wege wechseln mit Waldwegabschnitten, eine steile Abfahrt nach Overath, ab dort Anstieg nach Heiligenhaus und ein starker Anstieg hinter Untereschbach; beste Zeit Frühling, Frühsommer und Herbst

HIN & WEG:

Auto: Parkplatz Jägerstraße, Drabenderhöhe (GPS: 50.94295, 7.45762)
ÖPNV: RB 25 bis Overath Bf., dort Einstieg in die Tour;
Rückkehr zum Ausgangspunkt: Ab Köln Hbf. RB 25 bis Overath Bf.
Anschlusstour: Auszeittour 2 (Altenberg–)Köln–Kerpen

ESSEN & ENTSPANNEN:

Em ahle Kohberg 5 Ostmerheimer Straße 455, 51109 Köln (Merheim), Tel. (02 21) 69 25 25, www.emahlekohberg.koeln

ENTDECKEN & ERLEBEN:

St. Michael 1 51491 Overath (Federath)
Marialinden 2 51491 Overath (Marialinden)
Rochuskapelle 3 Bensberger Straße 64, 51491 Overath (Heiligenhaus)
St. Gereon 4 Von-Eltz-Platz 6, 51109 Köln (Merheim)
Kölner Dom 6 Domkloster 4, 50667 Köln, www.koelner-dom.de
St. Heribert 7 Tempelstraße 2 a, 50679 Köln, Tel. (02 21) 8 01 95 00, www.romanische-kirchen-koeln.de

Entspannung ★★★☆☆
Genuss ★★★★★
Romantik ★★★☆☆

St. Kunibert 8 Kunibertsklostergasse 2, 50668 Köln, Tel. (02 21) 12 12 14, www.romanische-kirchen-koeln.de
Museum Kolumba 9 Kolumbastraße 4, 50667 Köln, Tel. (02 21) 9 33 19 30, www.kolumba.de

Die GPS-Daten zu jeder Tour gibt es auf
www.droste-verlag.de

Konzeption/Satz: Droste Verlag, Düsseldorf
Einbandgestaltung: Britta Rungwerth, Düsseldorf, unter Verwendung von Bildern von © Fotolia.com: Andrey Kuzmin, undrey, dabost, niroworld; © stock.adobe.com: Nailia Schwarz
Fotos: Norbert Schmidt, außer: Michael Brockerhoff, Düsseldorf: S. 52; Sabine Hauke, Hamminkeln: S. 84; Michael Moll, Essen: S. 88; Wolfgang Schomberg, Verl: S. 39, 42, 43
Karten: Thorsten David, Bochum
Druck und Bindung: LUC GmbH, Greven

FSC www.fsc.org
MIX
Papier aus verantwortungsvollen Quellen
FSC® C011279

ISBN 978-3-7700-2258-8
www.droste-verlag.de